오~ 마이
트위터 라이프

오 마이 트위터 라이프

지은이 | 최남수

1판 1쇄 펴낸날 | 2010년 8월 30일

펴낸이 | 이주명
편집 | 문나영
출력 | 문형사
종이 | 화인페이퍼
인쇄 · 제본 | 한영문화사

펴낸곳 | 필맥
출판등록 제2003-63호
주소 | 서울시 서대문구 충정로2가 184-4 경기빌딩 606호
이메일 | philmac@philmac.co.kr
홈페이지 | www.philmac.co.kr
전화 | 02-392-4491
팩스 | 02-392-4492

ISBN 978-89-91071-80-3 (03300)

* 잘못된 책은 바꾸어 드립니다.
* 값은 뒤표지에 있습니다.

이 도서의 국립중앙도서관 출판시도서목록(CIP)은 e-CIP 홈페이지(http//www.nl.go.kr/cip.php)에서
이용하실 수 있습니다.(CIP제어번호: CIP2010002864)

최남수 지음

필맥

트위터가 화제다. 2010년 6월 지방선거에서는 트위터가 젊은 층의 투표 참여를 독려해 선거판세에 영향을 미쳤다는 지적이 나왔다. 유명 연예인, 대기업 CEO, 유명 작가 등이 트위터를 통해 대중과 소통하기도 한다. 많은 사람들이 트위터 공간에서 24시간 언제 어디서나 대화를 나누고 있고, 온라인에서 형성된 친근감을 토대로 실제로 만나 새로운 인간관계를 만들어간다. 트위터를 통해 수없이 많은 정보가 오가며, 트위터를 통한 대화는 국경이라는 지리적 한계도 뛰어넘는다.

미국에서 시작되어 인기를 끈 트위터가 우리나라에도 들어와 여세를 몰아가고 있다. 140자의 단문으로 짧게 의견을 주고받는 수단인 트위터가 인기몰이를 하는 이유는 무엇일까? 다양한 분석이 가능하겠지만 필자는 현대인의 심리구조에서 그 답을 찾는다.

현대인이 살아가면서 심리적으로 겪는 어려움 중 하나는 남들로부터 떨어져 있다는 느낌, 즉 '군중 속의 고독' 일 것이다. 경쟁이 치열하고 '우리' 보다는 '너' 와 '나' 가 우선시되는 사회에서 살다 보니 공동체성을 상실하고 개체로만 존재하게 되어 외로움을 느낀다. 집단이나 조직에 몸을 담고는 있지만 '홀로 있다' 는 자각을 거듭하게 된다.

그런데 트위터 공간에 들어서면 상황이 바뀐다. 일면식도 없는 사이인데도 서로 '지금 내가 느끼는 감정이나 하고 있는 일' 을 얘기하고, 위로와 사랑, 배려를 주고받고, 많은 정보를 교환한다. 트위터(twitter)는 '재잘거리다', 트윗(tweet)은 '재잘거림' 이라는 뜻이다. 트위터에서 서로 트윗을 주고받는 모습은 사람들끼리 옹기종기 모여 앉아 도란도란 이야기를 나누는 모습 그 자체다. 각자의 자기 이야기는 물론이고 이웃집이나 이웃마을, 그리고 나라에 대한 이야기에 이르기까지 이런저런 이야기들이 오간다.

이해관계에만 민감하게 반응하며 살아 온 현실과는 너무 다르다. 열린 마음만 갖고 있다면 한 번에 여러 사람과 동시다발적으로 대화를 나눌 수 있다. 이를 통해 공동체를 되찾는 기쁨과 카타르시스를 느끼게 된다. 트위터는 온라인상의 '옛 우물가' 와 같다. 온라인을 통해 공동체성을 선물로 가져다준다. 이것이 바로 사람들이 트위터로 몰리는 이유다.

이 책은 기계치였던 필자가 유독 트위터에 관한 한 얼리 어답터(early adoptor) 가 되고 익숙한 사용자가 된 과정을 소개하고, 그런 필자의 경험을 트위터 초보자와 기존 유저들과 공유하기 위한 것이다.

필자는 말 그대로 컴퓨터에 관한 한 '순도 높은 기계치' 였다. 온라인 소통의 경우에는 이메일이나 메신저를 이용하는 수준에 그쳤을 뿐 블로그나 싸이월드에는 별로 관심이 없는 온라인상의 외계인이었다. 그러던 사람이 어느 날 트위터를 만나면서 달라졌고, 그 뒤로 삶이 본질적으로 변화했다.

온라인을 통해 많은 사람들과 소통하는 재미에 흠뻑 빠지면서 트위터는 물론 페이스북 같은 소셜미디어의 매니어가 돼버렸다. 정보를 유통시키는 창구인 소셜미디어의 팬이 되면서 그동안 소홀히 했던 블로그에도 글을 자주 쓰게 됐고, 소셜미디어를 통해 독자를 확보하는 방법에도 눈을 떴다.

인간관계에도 큰 변화가 일어났다. 직업적인 영역에 머물러있던 대인관계가 트위터를 통한 교분에 힘입어 대학원생, 교사, 화가, 디자이너, 역술인, 컬러 컨설턴트, 사진작가, 변호사, 의사, 교수, CEO, 헤드헌터, IT 전문가, 정치인 등으로 크게 확대됐다. 그것도 이해관계가 바탕에 깔린 딱딱한 성격의 관계가 아니라 온라인에서의 만남과 그 연장인 오프라인에서의 만남을 통해 끈끈해진 인간적인 관계로!

트위터에 관한 책이 그동안 꽤 많이 나왔다. 그러나 이 책은 트위터에 관한 기존의 책들과 성격이 크게 다르다. 기존의 책들이 주로 소셜미디어 전문가가 쓴 기능적 입문서의 성격을 갖고 있다면, 이 책은 필자의 실제 경험을 토대로 트위터 공간에서 어떤 일이 일어나고 있는지를 알려주어 초보자도 쉽게 트위터를 이해할 수 있도록 구성했다.

트위터에는 분명히 진입장벽이 존재한다. 초보자가 계정을 개설하고 트위터 공간에 들어가도 망망대해에 혼자 떠있는 듯한 기분이 들 수 있다. 도대체 무슨 말을 어떻게 해야 하는 건지, 친구는 어떻게 사귀는 건지, 사람들이 무슨 얘기를 하느라고 시끌법석한 건지, '번개'는 어떻게 이뤄지는 건지, 왜 이리 알아듣기 어려운 용어가 많은 건지…. 이 책은 트위터에 관심을 갖게 된 사람이나 갓 트위터에 입문한 초보자가 이런 문제들에 대해 확실하게 감을 잡을 수 있게 해줄 것이다.

이 책이 트위터의 진입장벽을 낮춰 보다 많은 사람들이 트위터라는 활짝 열린 소통의 광장으로 나오게 하는 데 기여한다면 필자로서는 그보다 더 기쁜 일이 없을 것 같다. 이 책을 쓰고 펴내는 과정에서 필자는 많은 트위터 친구들에게 신세를 졌다. 그들과의 대화, 그들과 나눈 감성과 정보는 필자가 그동안 쌓아온 트위터 경험이라는 건물에 하나하나의 벽돌이 돼주었는데, 그것이 바로 이 책의 줄기를 이루고 있다.

필자가 트위터 생활을 시작한 뒤로 따뜻한 우정을 베풀어준 트위터 친구들에게 먼저 이 책을 드린다. 아울러 이 책의 원고를 쓰는 과정에서 필자가 트위터를 통해 실시한 설문조사에 기꺼이 응해주는 등 여러 가지 도움을 준 estima7(임정욱 님), hiconcep(정지훈 님), CauseSquare(이길환 님), hongss(홍순성 님), youthinking(고영혁 님), sajupalja(배지원 님), cherrytree519(박성미 님), actressK(김현아 님)에게 감사의 말씀을 전한다. 끝으로 이 책의 출간을 흔쾌히 맡아준 출판사 필맥의 이주명 대표에게도 감사드린다.

차 례

1장
트위터의 탄생

트위터와 나

2006년 미국 샌프란시스코. 아름다운 바다와 하늘, 그리고 자연이 삼박자를 이루며 세계적인 미항의 장관을 연출하는 이 도시에서 온라인 세계를 뒤흔들 혁신적인 아이디어가 세 사람에 의해 태동되기 시작했다. 그것은 바로 트위터(twitter)였다. 정작 자신들은 그 아이디어가 세상을 크게 변화시킬 것이라는 사실을 아직 모르고 있었다.

벤처기업인 오디오(Odeo)의 사무실에서 나중에 트위터의 공동 창업자가 될 비즈 스톤(Biz Stone), 에번 윌리엄스(Evan Williams), 엔지니어 잭 도시(Jack Dorsey)가 자리를 함께 했다. 이 자리에서 도시는 자신이 평소에 생각해오던 140자 이내의 단문 메시지 서비스(SMS)에 관한 아이디어를 내놓았다.

누구나 자신이 무엇을 하고 있는지를 짧은 글로 가족이나 친구 등 가까운 사람들에게 알릴 수 있게 해주는 새로운 SMS를 해보자는 것이었다. 그러자면 가입이 쉬워야 하고 짧은 글로 메시지를 간편하게 전달할 수 있어야 한다는 데 공감이 이뤄졌다.

비즈 스톤은 2010년 5월 6일자 〈중앙일보〉에 실린 인터뷰에서 당시의 상황을 이렇게 회고했다. "우리는 트위터를 본업이 아닌 사이드 프로젝트로 시작했다. 우리가 먼저 트위터에 빠져들었다. 성공하기 위해서는 진짜로 하고 싶은 일을 해야 한다."

세 사람은 도시가 내놓은 아이디어에 의기투합해 본격적으로 트위터의 사업화를 위한 항진을 시작했다. 처음에는 트위터의 이름이 twitter가 아니라 twttr였다. Flickr와 미국의 SMS코드가 다섯 자인 점을 감안해 twttr로 이름을 지은 것이었다. 애플리케이션의 첫 버전은 도시가 개발했고, 첫 메시지도 2006년 3월 21일에 도시가 보냈다. "지금 막 내 트위터 계정을 열었다(Just setting my twttr)."

그 뒤 2006년 10월에 twttr가 지금의 twitter로 이름 표기가 바뀌었다. 지금처럼 메시지 문자의 수를 최대 140자 이내로 묶는 제한은 2007년에 도입됐다. 당시에 도시가 한 말이 인상적이다. "140자로 누구나 세상을 바꿀 수 있는 시대가 열렸다." 지금 돌아보면 도시의 예측은 그대로 적중했다. 트위터가 세상을 바꾸고 있다.

2010년 5월 8일 현재 트위터가 세상을 얼마만큼 바꾸고 있는지를 보여주는 통계(Twitter Facts and Figures, website.monitoring.com)를 소개한다. 세계적으로 트위터 이용자 수는 1억 600만 명이고, 매일 30만 명씩 늘어나고 있다. 트윗은 매일 5500만 개가 올라온다고 하니 초당 640개의 트윗이 게시되는 셈이다. 트위터는 사람들이 글을 올리는 공간, 트윗은 유저들이 올리는 글이다.

트위터에서는 어떤 말들이 오갈까? 위 통계에 따르면 유저들이 현재의 상황을 알리는 게 30%로 제일 많고, 그 다음으로는 개인적 대화(27%), 뉴스와 블로그 글 링크(10%), 정치·스포츠·사건(6%), 상품 권유나 상품에 대한 불만(4%), 광고(4%), 스팸(4%), 이미지와 동영상(3%) 순서다. 스팸이 4%로 많다는 점이 눈에 띈다.

어느 나라 국민이 트윗을 제일 많이 올릴까? 나라별로 보면 1위는 말할 나위도 없이 트위터가 시작된 미국으로 전체 트래픽의 33.3%를 차지하고 있다. 2위는 의외로 인도이며 8.2%의 비중을 보이고 있다. 인도에서 영어가 사용되고 있다고 하더라도 이 나라가 상위에 랭크된 점은 주목된다. 그 다음으로는 일본(7.1%), 독일(6.5%), 영국(5.9%), 브라질(3.1%), 캐나다(2.4%), 인도네시아(2.0%), 호주(1.8%), 스페인(1.7%)의 순서다. 우리나라는 도입이 비교적 늦어서 그런지 아직 10위권에 끼지 못하고 있다.

어떤 사람들이 트윗을 많이 올릴까? 여자가 55%, 남자 45%로 여자가 많은 편이다. 연령대별로 보면 18~34세가 45%로 절반에 가깝고, 이어 35~49세(24%), 50세 이상(14%), 3~17세(14%)의 순서다. 온라인 소통 전체를 보면 젊은 이들이 중심이지만 트위터만큼은 30대, 40대, 50대도 비교적 많이 참여하고 있다는 특징을 보여준다. 트위터는 단순한 채팅과 달리 사회적인 현안에 관한 이야기도 많이 오가는 공간인데다가 인적 네트워킹의 특성도 갖고 있기에 중장년층의 참여도가 비교적 높은 것으로 볼 수 있다.

트위터는 2010년 5월 현재 직원이 175명에 불과한 회사(Twitter, Inc.)가 운영하는 서비스이지만, 그 애플리케이션은 벌써 7만 개 이상이 개발돼있다. 트위터는 이처럼 140자의 짧은 소통수단을 내세워 세계적으로 1억 명이 넘는 가입자를 확보하면서 소통과 네트워킹의 공간으로서 큰 역할을 하며 세상을 변화시키고 있다.

얼리 어답터가 된 기계치

나 자신을 IT라는 측면에서 냉정하게 평가하면 IT 강국인 대한민국에서 살아오면서도 IT를 'Impossible Task(불가능한 일)' 정도로 여기는 '원시인'이었다.

애초부터 필자의 대학시절은 물론이고 언론계에서 시작한 필자의 직장생활도 컴퓨터하고는 거리가 멀었다. 200자 원고지와 볼펜으로 모든 일을 다 하던 시절에 학교를 다니고 직장을 다녔기 때문이다. 다른 종류의 직장에서는 많이 사용하는 타자기조차도 곁에 두지 않았던 게 필자가 기자 초년병이었을 때 언론사의 근무여건이기도 했다. 타자기 값이 비싸서가 아니었다. 당시 언론사는 애당초 그런 기계에는 관심을 두지 않는 분위기였다.

첫 직장인 조간 경제신문사에서 외신부 기자로 일하던 시절을 회고해본다. 당시에 '첨단기기'로 신문사에 설치돼 있었던 것은 쉴 새 없이 소음을 내며 해외뉴스를 보내오는 텔렉스였다. 텔렉스는 AP-DJ와 같은 해외의 경제통신사들이 보내오는 국제경제, 해외증시, 기업동향 등에 관한 뉴스를 전용 용지에 인쇄해 끝없이 뱉어냈다.

신문사 외신부에서 '달인' 소리를 들으려면 텔렉스에서 나오는 종이에 인쇄돼 있는 기사와 기사 사이의 공간을 자도 대지 않고 손만 이용해 자르는 일을 잘해야 했다. 고참일수록 이런 일을 잘했는데, 자르려는 부분을 책상 모서리에 갖다 대고 종이를 붙잡은 손을 순간적으로 빠르게 내리는 동작으로 잘랐다.

텔렉스라는 기계가 뉴스를 전송받아 인쇄해주는 과정을 마치고 나면 그때부터는 다시 지극히 수공업적인 작업이 이루어졌다. 기자들이 그렇게 잘라진 종이들, 그러니까 기사가 인쇄된 텔렉스 용지 조각들을 나눠 갖고 그것을 참고하거나 번역해가며 원고지에 기사를 쓰는 과정이 이어졌다. 결국은 볼펜으로 글을 쓰는 것이었다.

시간이 좀 더 흘러 1980년대 후반에는 필자가 은행권을 취재대상으로 삼고 기자로 일하고 있었다. 당시에 필자의 하루 일상이 어떠했는지를 들여다보자.

어느 날 오전. 어떤 은행에 들러 취재를 하고 있던 필자에게 다른 긴급한 취재를 하라는 지시가 떨어졌다. 부실기업인 범양상선의 대주주가 경영권을 박탈당하는 과정에서 대주주에 대한 채권단의 '강박'이 있었는지가 핵심 이슈이니 법률적 논점을 취재해 원고지 15매로 해설기사를 쓰라는 부장의 지시였다. 그가 말한 '강박'이라는 법률용어는 해당 기업의 오너가 본인의 의사에 반해 어떤 압력을 받고 '울며 겨자 먹기'로 기업 경영권을 포기하지 않았느냐는 의문을 담고 있었다.

'법률적 논점'이라는 말을 들으니 스트레스부터 받기 시작했다. 익숙하지도 않은 주제에 대해 한두 시간 만에 취재를 다 하고 원고지 15매 분량의 기사를 써야 한다니. 머리끝이 쭈뼛해지며 스트레스가 본격적으로 고조됐다.

그러나 일단 지시받은 사항은 무조건 해낸다는 임전무퇴의 정신으로 취재에 돌입했다. 한 은행 간부의 도움으로 어느 정도 취재된 내용을 가지고 회사로 들어간 시간은 오후 2시경. 마감시간이 4시이니 2시간 만에 기사작성을 마치고 부장에게 수정할 시간까지 줘야 하는 만만치 않은 일을 해내야 했다.

결과적으로 일은 마쳤지만, 그 전에 정말로 피를 말리는 수공업적인 과정이 이어졌다. 원고지 한 장을 쓰다가 중간에 마음에 안 들면 찢어버리고, 그러다가 원고지 한 장이 채워지면 부장이 급하다면서 수정하기 위해 가져가버리고, 그러니 앞에 쓴 내용을 볼 수 없어 기억을 더듬어가며 원고지를 채우다가 버리다가 하며 또 한 장을 완성하면 부장이 가져가버리고. 이런 전쟁 아닌 전쟁을 거듭한 끝에 원고지 15매 분량의 기사가 완성됐다.

그런데 그 다음에 이어지는 작업 또한 지극히 노동집약적인 수공업 공정이었다. 공무국에서 납으로 된 활자를 하나하나 뽑아 글자판을 만든 뒤 거기에 잉크를 발라 신문용지에 찍어내는 작업이었다. 그런데 문제가 생겼다. 워낙 난필인 필자의 원고를 부장이 덧칠하듯 고쳤으니 원고 해독이 매우 어려워진 것이었다. 식자를 뽑던 공무국 직원이 열을 받아서 씩씩거리며 올라왔다. "아니 이 원고 누가 쓴 거야? 도대체 알아 볼 수가 없으니, 젠장!"

나는 상대가 선배격인지라 숨을 죽이고 부장의 눈치만 살피고 있었다. 그런데 역시 대범한 부장, 그는 씩 웃으며 "왜 그래? 볼 만 하구만" 하고 상대를 진정

시키며 내가 표적이 되는 걸 막아주었다. 결국 신문은 무난하게 나왔다. 수동으로 작업이 이뤄지던 신문제작 과정에서 일어난 해프닝이었다.

이렇게 컴퓨터하고는 애당초 멀어도 한참 먼 거리에서 '원고지 기자'로 성장한 내가 그나마 컴퓨터나 기술이 뭔지에 대해 눈을 뜨게 된 것은 1992년에 직업을 신문기자에서 방송기자로 바꾸면서부터다. 눈이 휘둥그레지게 하는 스튜디오와 방송장비, 컴퓨터를 통해 이뤄지는 방송 준비. 방송은 신문보다 훨씬 기술집약적인 제작과정을 거치는 것이었다.

하지만 방송기자에게도 주된 일은 기사 작성이었다. 컴퓨터로 써서 넘긴 기사를 부장이 수정해주면 그것을 인쇄해서 들여다보면서 방송 리포트를 제작하는, 그리 복잡하지 않은 공정이었다. 그러니 일반 기업에서 각자 나름대로 컴퓨터 실력을 쌓고 있는 대학동기들에 비해 내가 갖고 있었던 컴퓨터와 기술 관련 지식은 보잘 것 없는 초보 중의 초보 수준이었다. 내게는 문서 작성을 위한 기초적인 소프트웨어조차 배울 기회가 주어지지 않았다.

이렇게 컴퓨터와 거의 담을 쌓고 지내던 나에게 한번 큰 고비가 찾아왔다. 1997년 말 한국경제에 외환위기가 닥쳤을 때였다. 설마설마했는데 내가 몸담고 있는 직장에서 월급을 주지 못하는 상황이 시작되더니 6개월이나 이어졌다. 적금이든 보험이든 다 깨가며 버티던 어느 날 나는 집사람과 비장한 대화를 시작했다. "이렇게 인생에 끌려가느니 차라리 인생을 능동적으로 개척해보자. 늦었지만 미국에 유학을 가자."

6개월 동안 월급을 못 받아 어려운 가정형편이었지만 집사람도 유학을 간다는 결정에 동의해주었다. 이리하여 필자와 집사람과 아이 둘 해서 4인 가족의 미국생활이 1999년 여름부터 시작됐다. 귀족적인 방식의 유학이 아니라 인생에 승부를 건다는 비장한 각오를 하고 가족과 함께 태평양을 건넌 '생계형 유학'이었다. 그런데 유학생활에서 부닥친 더 큰 문제는 내가 '컴맹'이라는 점이었다.

내가 진학한 대학원 코스는 경제학 석박사를 배출해내는 워싱턴 주립대학(University of Washington). 1983년 초에 대학을 졸업한 뒤로 직업전선에서 동분서주해온 필자가 속된 말로 '겁 대가리도 없이' 한국도 아닌 미국의 대학에서 경제학 대학원 과정에 도전한 것이었다. 학부 수준의 경제학을 손에서 놓은 지도 오래 됐는데 하물며 경제학 공부에 필수적인 수학과 통계학에 관한 내 지식은 이미 화석화된 상태라고 아니 할 수 없었다. 특히 통계적 분석을 하는 데 필요한 엑셀 등 기초적인 소프트웨어는 물론이고 고급 통계 패키지를 이용하는 일도 나에겐 '미지의 세계'였다. 그런 나를 시애틀에 있는 워싱턴 주립대학은 뭘 믿고 덜컥 뽑아준 건지….

여하튼 이런 과정을 거쳐 필자의 겁 없는 유학생활이 시작됐다. 아직 젊은 때여서 그랬는지 필자는 정말로 '맨 땅에 헤딩' 하는 심정을 갖고 학업을 밀어붙이기 식으로 해나갔다. 예컨대 엑셀 같은 것은 수식을 처리할 필요가 있을 때마다 관련 서적을 들추어보거나 주변 동료에게 물어서 배워나갔다. 통계 패키지는 정말 골칫거리였지만 이것 또한 주변 후배들의 도움을 받아 필요한 만큼씩 익혀나갔다.

이렇게 응급조치 식으로만 컴퓨터로 할 수 일을 배워가는 방식으로 '늦깎이 학업'을 마친 나는 귀국해 직장생활로 복귀했다. 이제는 어려운 일은 아래 직원에게 맡길 수 있는 지위의 이점을 누리게 됐기 때문에 컴퓨터와 다시 일정한 거리를 유지하는 안락한 길에 들어섰다. '나야 의사결정만 잘 하면 되는 거지. 뭐 그런 거 알 필요가 있어?'라는 대단한 배짱으로.

그러니 나는 이메일과 메신저를 통해 간단한 소통을 하는 정도로만 컴퓨터라는 문명의 이기를 누리는 데 그치는 철저한 '반문명주의자'였다. 과감하게 컴퓨터의 세계를 외면하는 용기를 보였던 것이다. 여기저기서 사람들이 블로그를 얘기하고 싸이월드를 얘기해도 '난 나의 길을 가련다'라는 소신을 버리지 않았다.

지금 생각해보면 대단한 배짱이었다! 사회의 큰 물줄기를 쳐다보지 않으면 그게 존재하지 않게 되는 것으로 알던 '개인적 쇄국정책'의 결과였다. 자기가 세상의 흐름에 얼마나 뒤처져 있는 줄도 모르고….

그런데 그러던 내가 변했다. 컴퓨터와 담쌓고 살고, 소셜미디어가 뭔지 알려고 하지도 않고, 새로운 기계가 나오면 얼리 어답터는 둘째 치고 뒤늦게 따라가는 것조차 게을리 했던 게 나다. 속세에서 떠난 사람처럼 IT, 컴퓨터, 기계는 알 필요도 없다는 태도로 당당하게 살던 나였다. 그런데 트위터를 알게 된 것이 그런 나의 원시적 생활을 선진화시키는 계기가 됐다.

2009년 7월을 기점으로 내가 발을 담근 트위터의 세계는 나를 IT의 '신기한 세계'로 인도했다. 처음에는 트위터도 어렵게 시작했다. 그러나 내가 이 글을 쓰는 2010년 7월 현재 트위터는 나로 하여금 7000여 명의 팔로어들과 대화를 나눌 수 있게 해주는, 내 삶의 중요한 현장 중 하나가 돼있다.

내친 김에 구글보다 많이 쓰인다는 페이스북도 시작해 트위터와는 또 달리 색다른 소통을 즐기고 있다. 트위터가 복잡하고 빠르게 움직이는 도시라면 페이스북은 느긋한 자세로 그리 많지 않은 지인들과 이런저런 얘기를 도란도란 나누는 시골마을 같다.

내 블로그 생활에도 변화가 왔다. '휴화산'이 '활화산'으로 변모한 것이다. 뒤늦게 시작한 블로그에 새로이 재미를 느낀 것은 트위터를 하면서부터다. 이제는 가끔씩 쓰는 글이나 시, 공유하고 싶은 자료 등을 블로그에 포스트한 다음에 트위터와 페이스북을 통해 그런 사실을 다른 사람들에게 알리곤 한다. 하루에 열 명의 독자도 끌어들이지 못하던 내 블로그를 이제는 하루에 60 내지 70명, 많을 때는 200 내지 300명이 방문해 읽어주니 고마울 따름이다.

휴대폰의 경우는 어떤가? 예전에는 대충 유행에 뒤지는 구닥다리 폰을 들고 다니면서 전화 통화와 문자 보내기와 같은 최소한의 기능만 활용하는 데 만족했다. 좋게 말하면 소극적 전화 사용자, 조금 비판적으로 말하면 사람들이 왜 모바일 폰을 쓰는 것인지에 대해 '아무런 생각도 없는' 사람이 바로 나였다.

그런데 트위터를 이용하기 시작한 뒤에 스마트폰에 대한 관심이 커져서 덜컥 일을 벌였다. 내가 쓰던 햅틱폰의 약정기간이 남아있어 그것을 포기하면 수십만 원을 갚아야 하는 부담이 있는데도 포기하고 아이폰으로 갈아타버렸다. 얼리 어답터의 대열에 끼어들어 그들과 어깨를 나란히 하기로 선택한 것이었다.

그 뒤로 스마트폰은 내게 명실상부한 모바일 폰 시대를 열어주었고, 내 삶을 스마트하게 바꿔주고 있다. 아이폰으로 다운받은 많은 애플리케이션을 활용해서 언제 어디서든 트위터와 페이스북을 통해 친구들과 소통하는 것은 물론이고 이동 중에도 이메일을 확인하고, 여러 미디어의 뉴스를 점검하고, 동영상을 보고, 음악을 듣고 있다.

나도 이제는 첨단 유행의 대열에 끼게 된 것이다. 이런 나를 두고 '애플빠'니 '아이폰신도' 하며 놀리는 이들도 있지만, 필자에게 그런 말은 그저 부질없는 얘기로 들린다.

기계치로 'IT 청동기 시대'에 살던 사람이 트위터 같은 소셜미디어의 세계를 알게 되고 그것에 매료되면서 그것을 통한 소통의 광장이 갖고 있는 순기능을 경험하게 된 것이고, 그러면서 소셜미디어에 흠뻑 젖고 기계도 친숙하게 다룰 줄 아는 '첨단시대의 시민'으로 거듭나게 된 것이다. 그리고 사회적 소통의 흐름이 폐쇄적, 권위적 공간에서 벗어나 개방적, 수평적 공간으로 옮겨가고 있음을 느끼게 되면서부터 나는 그러한 흐름을 더 늦기 전에 알게 되어 거기에 올라탈 수 있게 된 것을 다행이라고 생각하고 있다.

트위터(twitter): 트위터 웹사이트의 이름인 동시에 그 웹사이트가 제공하는 서비스의 이름.

트윗(tweet): 트위터에 올리는 글을 지칭하는 말.

트위터러(twitterer): 트위터를 하는 사람. 트위테리언(twitterian)이나 트위터 유저(twitter user)로도 불린다.

팔로(follow): 다른 트위터러가 올린 글을 구독하는 행위.

맞팔로잉: 상대방과 서로 팔로하고 있는 상태.

언팔로(unfollow): 다른 트위터러가 올린 글의 구독을 중단하는 행위.

블록(block): 다른 트위터러가 올린 글의 구독을 중단하는 것은 물론이고 해당 트위터러가 자신을 팔로하지도 못하게 막는 행위.

공개트윗: 다른 사람들도 볼 수 있는 방식으로 트위터에 올린 글.

디엠(DM; Direct Mail): 다른 사람들이 볼 수 없도록 단 둘이만 하는 대화. 상대방이 나를 팔로하고 있어야 글을 보낼 수 있다.

멘션(mention): 다른 사람의 아이디를 글 앞에 세워서 그 사람에게 말을 거는 것.

리플라이(reply): 다른 사람의 트윗에 대해 자신의 의견을 밝히는 행위.

리트윗(RT: retweet): 다른 사람의 트윗을 자신의 팔로어들에게 전달하는 행위.

해시태그(hashtag): 트윗을 주제별로 분류할 때 사용하는 검색어. 영어는 #

다음에 붙여서 주제별 검색어를 입력함. 한글도 영어와 같이 하되 마지막
에 언더바(_)만 추가하면 됨.

리스트(list): 자신의 팔로어인 다른 트위터러들을 분류하는 기능.

타임라인(timeline): 자신이 팔로하는 트위터러가 올린 글들이 한꺼번에 표시
되는 화면. 게시된 순서대로 표출된다.

쉽게 풀어본 트위터 용어

팔로: 친구 하자!

언팔로: 나, 너 싫어!

블록: 꼴도 보기 싫어!

DM: 소곤소곤!

리트윗: 나 혼자 알긴 아까워!

계정 아이디 변경: 명패 바꿔달기

프로필 교체: 프로필 성형수술

계정 폐쇄: 호적에서 파내기

이제 트위터는 생활필수품

내게 트위터는 생활의 아주 중요한 부분이 됐다. 아침에 눈을 뜨면 침대에 누운 채 가장 먼저 트위터를 열고 DM을 포함해 내게 온 글을 읽는 것으로 하루를 시작할 정도다. 일과 중에도 수시로 내가 본 중요한 정보를 친구들에게 전하고, 친구들이 전해온 소식을 읽는다. 생활의 여기저기서 부대끼면서 느껴지는 감정도 트위터에 쏟아 붓고, 친구들의 마음도 트위터를 통해 읽어낸다.

깨어있는 동안에는 언제 어디서든 아이폰을 통해 원하는 대로 친구들과 대화를 나눈다. 이젠 필자도 '트위터 광팬'이 다 됐는지 운전 중일 때 빨간 불이 들어오면 반가울 때도 있다. 신호등이 빨간 불로 바뀌어 잠시 차를 세워 놓게 되면 트위터를 할 수 있기 때문이다. "트위터를 하는 사람은 파란 불 신호등을 싫어한다"는 조크가 입에서 나올 정도다.

하루를 정리하는 밤에는 사색의 안테나를 세워 떠오른 생각을 글로 써서 올리거나 독서를 하다가 눈에 띈 소중한 글귀를 친구들과 나눈다. 눈꺼풀에 중력이 작용하는 시간이 되면 "좋은 밤 되세요, 여러분!" 하며 하루의 트위터 일과를 마감하고 꿈나라로 여행을 떠난다.

지금은 이렇지만, 나도 트위터에서 황량한 벌판에 선 것 같은 외로움을 느끼던 시절이 있었다. 나 같은 'IT치'에게 트위터는 정말로 우연한 '비약적 만남'을 통해 다가왔다. 트위터에 비하면 '과거의 봉화' 수준이라고 할 수 있는 이메일, 회사에서 사용하는 메신저 정도가 내가 사용하는 온라인 소통수단이었다. 블로그는 열어는 뒀지만 글 하나 올리기가 여간 어렵지 않아 '개점휴업' 상태였다. 주인이 '장사'를 할 줄 모르니 손님은 없고 파리만 날리는 상황. 남들은 흔히 한다는 싸이월드는 내게는 멀고 먼 사이버 공간일 뿐 현실에서는 '남의 일'이었다.

'까짓 것, 뭐 그런 걸 하냐. 안 해도 잘 사는데.' 이런 식의 '무데뽀 정신'으로 무장하고 소셜미디어라는 것을 애써 외면하면서 그것이 나의 세계에 발도 못 붙이게 했다.

그런데 2009년 7월의 어느 날. 신문을 통해 트위터가 자주 보도되는 걸 보면서 내 마음이 움직였다. IT와 소셜네트워킹은 그냥 활자상의 용어로만 받아들이던 목석같은 나에게 트위터는 왠지 호기심을 불러일으켰다. '이놈이 뭐지?' 하는 아주 단초적인 궁금증이었다.

일단 신문에서 본 트위터 사이트(www.twitter.com)에 들어가 계정을 개설했다. 헉, 근데 뭐가 이리 복잡해, 모두 영어로 돼있고…. 바쁜 대로 아이디와 비밀번호를 정한 뒤에 바이오는 대충 '자유를 지향하는 노마드'라고 했다. 자기

소개가 얼마나 중요한지도 모르고⋯.

　그 다음은 사진. 어, 무슨 사진을 쓰나? 블로그를 개설할 때 말고는 온라인에 내 얼굴을 올려본 경험이 없었다. '아, 도대체 왜 얼굴을 공개하라는 거야, 현상수배범도 아니고' 하는 심정이었지만, 대충 여권사진을 스캔하는 정성을 들여 (이것도 나로서는 쉽지 않은 과정이었다) 사진관의 샘플사진 같이 경직된 내 얼굴 사진을 덜컥 문패로 올렸다. 뭔 관공서도 아니고⋯.

　자, 이제 해보자. 근데 팔로잉은 뭐고 팔로어는 뭐여? 내 홈피를 보니 중후한 내 얼굴 사진만 집을 지키고 있을 뿐 도대체 사람들은 다 어디에 있는지 꼴도 볼 수 없다. 이거 완전히 독방수감이네. 근데 면회는 누가 언제 어떤 방법으로 오는 거야? 참 답답하기 그지없다. 누구에게 뭘 물어봐야 할지⋯. 내 홈피엔 아무도 안 보이는데 누구랑 얘기하란 말이야? 이거 완전히 사기네! 뭐 이런 마음에 계정만 열어놓은 채 나는 다시 'SNS(소셜 네트워크 서비스)맹'의 제자리로 돌아간다.

　'내가 이거 다시 하나 보자.' 이런 생각으로 나는 독방에서 스스로 해방됐고, '광복절 특사'를 받은 정도는 아니었지만 마음이 가벼워져서 다시 오프라인의 생생한 현장으로 발걸음을 돌렸고, 그 뒤로 한동안은 트위터를 잊고 지냈다. 결과적으로 휴면계좌만 하나 더 생겨난 셈이었다.

　그러다가 7월 말인가 8월 초인가, 얼추 한 달 뒤에도 보니 트위터가 계속 매체에서 어른거린다. 사람들이 많이 몰린다고, 재미있다고, 한번 해보라고⋯. 나는 결심했다. 다시 한번 도전해보자! 그러자 열어두었던 계정이 생각났다. 수첩의 한 구석에 적어 놓은 아이디와 비번을 찾아서 그것을 가지고 다시 독방에 재수감되는 데 성공. 지난번의 까마득한 막막함 같은 것은 없어졌다.

어떤 신문이었는지 기억은 안 나지만(고마운 신문아, 미안!), 그 신문에 실렸던 안내기사를 머릿속에 되살린 뒤에 포털 검색을 통해 유명인의 아이디를 찾아 팔로하고, 파워 트위터러와 그분이 팔로하는 사람, 그리고 트위터러들이 자기소개를 하는 사이트인 셀프인트로(self-intro)에서 눈에 띈 분들도 팔로하기 시작했다. 물론 여성은 좀 많이 팔로해 그 수를 백 명 가까이로 늘려본다. 다들 나를 반갑게 맞아줄 것이라는 통 큰 기대심리를 갖고.

앗, 근데 그 다음이 문제였다. 무슨 말을 어떻게 해야 하는지, 이건 알려주는 사람이 정말로 없다. 사막의 오아시스 같은 사람들을 찾아냈지만, 그들이 외국인도 아닐 텐데 뭐라고 말을 건네야 하는지 도통 알 수가 없다. 이거 미팅도 아닌데 주소, 가족관계, 취미를 물으며 호구조사나 개인신상소사를 할 수도 없고, 다시 퇴각해야 하나. 그러나 이번엔 그러지 말자. 이왕 다시 시작한 거 바늘로 무릎을 찌르면서 밤을 새우게 되더라도 참고 가보자, 트위터를 마스터하자고 다짐하고 외로움을 곱씹으면서 '고난의 행군'을 시작했다.

그러나 정말이지 말이 안 나온다. 남들 하는 걸 보니 어랍쇼, 대화를 하는 게 아니라 독백을? 옳지! 이거 멋지다. 그래서 나도 근사한 언어를 최대한으로 동원해가며 사색의 문장을 날려본다, 최대한 멋지게. "인생 뭐 있나요? 즐겁게 살아야지." 말이야 맞는 말이지. 내가 봐도 괜찮은 말이다! 그래 놓고 손님을 기다려본다. 그런데 하루가 지나도 파리만 날린다. 아니, 남들은 독백 후에도 잘들 대화를 나누는데, 내 독백은 허공에 흩어지는 단어일 뿐인가. 조용필의 노래 〈허공〉만 입에서 되뇌어진다. "꿈이었다고 생각하기엔…." 내게 트위터는 꿈이었나?

그렇다고 예서 말 수는 없다. 우드득. "나도 대화를 하겠다." 임전무퇴의 마음을 다지고 나서 이번에는 남들이 하는 대화에 끼어들어 과감히 멘션을 날려본다. "좋은 생각이네요." "그렇지요." "이런 거 아닌가요?" 이번엔 분명히 성공할 거다. 기다려본다. 엥? 이 양반들이 중간에 끼어든 나에게는 눈길조차 주지 않는다.

그러다가 겨우 준다는 게 "안녕하세요. 좋은 밤 되세요." 대충 이거나 먹고 떨어지라는 말투다. 아흑, 유학시절의 암담했던 경험이 떠오른다.

대학원생들끼리의 파티가 있던 날, 서양애가 다가온다. 반갑게 몇 마디 붙였더니 그 친구, 표정이 이상해지더니 "네버 마인드(Never mind)!" 하고 가버린다. '뭔 소리여?' 하고 속말을 하면서 그대로 있어 보았지만 그는 다시는 안 온다. 그건 말을 짧게 하면서 대충 예의만 차린 다음에 사람을 물리치는 고전적인 수법이었다.

아, 그런 일을 트위터에서도 당하는구나! 머리로 솟구치는 열기…. 그만둘까? 그러나 예서 말 수는 없다. 돌격 앞으로!

그러다가 내가 궁리해내 쓰기 시작한 내 나름의 지혜로운 전략이 있다. 트위터를 이제 갓 시작해 나처럼 팔로잉 수가 적은 사람들을 찾아 팔로잉을 요청하고 대화를 시도해보는 것이다. "시작하신 지 얼마 안 된 모양이에요. 저도 그래요. 반가와요!" 아, 근데 이게 효력을 발휘한다. 동병상련이라고 서로 위로도 되고, 말을 들어주지도 대화에 끼워주지도 않는 트위터 마을의 고명하신 주민들을 같이 성토도 하고…. "트위터에도 진입장벽이 있는 것 같아요. 자주 봬요." 어쨌든 트위터 진입에 성공!

이젠 나도 친구가 생겼다. 한 분하고는 타임라인(자신이 팔로하는 트위터 유저들이 올린 글이 모이는 곳. 트위터 계정에 로그인하면 보게 되는 홈피 화면이다)에서 보이기만 하면 서로 반가워하며 대화를 나누고 외로움을 달랬다.

친구를 늘려보고 싶다. 그래서 이번엔 팔로어 수가 제법 되는 분들 위주로 팔로잉을 늘려본다. 팔로잉 키를 힘주어 누른다. 그 분이 무어라고 말을 하면 나 나름대로 거기에 아부성 발언을 붙여본다 "좋은 생각이네요. 많이 배웠습니다." 이 정도면 환영해주겠지! 기대 만땅. 그런데 헉, 며칠이 지나도 나의 일방적 짝사랑! 편지를 띄웠건만 돌아오는 건 무관심뿐. 배신감이 느껴진다. 그래 나도 당신 싫어! 언팔(언팔로의 약자)이닷! 등을 돌린다.

며칠 뒤에 '그때 못 봤겠지' 하고 다시 그 사람에게 팔로잉 요청을 한다. '웬만하면 친구 하자, 당신이 뭐 그리 대단하다고.' 다시 기다려본다. 이번엔 나의 존재를 인정하겠지! 그런데 헉, 이번에도 무관심! 더 가관인 건 이분이 '팔로잉→언팔→다시 팔로잉' 하는 분들이 있는데 이건 뭐지? 에잇, 다시 언팔! 성질만 돋아나, 아무도 알아주지 않는 일방적 절연의 결정을 단호하게 내렸다.

나중에는 이분이 나하고 맞팔로잉 관계가 됐다. 그런데 그런 일이 있었는지도 기억하지 못 하는 것이었다. 뒤돌아보고 되새겨보면, 멘션을 하고 자기소개를 하면 되는 일을 팔로잉, 언팔, 팔로잉을 되풀이하며 "제발 나 좀 봐줘"라는 편지만 부질없이 날린 셈이었다.

그런 과정에서 동병상련해서 필자의 시도를 전폭적으로 지원해주는 다른 트위터 초보 분들과 필자의 팔로잉을 너그럽게 받아주는 '심성 착한 고수' 님들의 배려를 바탕으로 나의 트위터 여정은 서서히 순항의 단계에 접어들기 시작했다.

트위터 초보가 친구 사귀는 요령

1. 내가 먼저 인사한다.

2. 대화에 자연스럽게 끼어든다.

3. 자신이 팔로하는 트위터러가 올린 좋은 트윗을 RT한다. RT는 호의의 표시!

4. 초기엔 번개에 좀 적극적으로 참여하는 게 좋다.

5. 좋은 정보를 트윗으로 자주 올린다.

초보가 명심해야 할 짐

1. 처음에는 외롭다. 다른 학교에 전학 왔다고 생각하라. 포기하고 떠나지 말라.

2. 처음에 친구 만들기는 같은 초보끼리가 좋다.

3. 유명인사나 트위터 고수들을 팔로하되 그분들이 맞팔로하지 않는다고 포기
   하지 말라. 코드가 맞는다면 맞팔로잉의 기회는 얼마든지 있다.

4. 트위터 공간의 기존 주민에게는 멘션으로 내가 먼저 인사하자. 기존 주민은
   나 말고도 기존 친구들하고 대화하기 바쁘다. 인사로 나의 존재를 먼저 알려
   야 맞팔로잉의 확률이 높아진다.

5. 프로필에는 가급적 자연스러운 사진을 올린다. 자신의 실제 모습을 보여주는 사진을 올리는 게 좋다(이렇게 하는 것이 신뢰도를 높이는 방법이다).

6. 자기소개도 가급적 실제의 자신을 알릴 수 있는 내용으로 올리는 게 좋다(이 역시 신뢰도의 문제와 관련된다).

7. 다른 유저들에게 유용한 정보나 글을 자주 올리는 게 초기에 좋은 이미지를 구축하는 데 도움이 된다.

2장
트위터 기본기

아이디와 자기소개는 중요한 간판

트위터를 하려면? 먼저 미국에서 시작된 원조 사이트 www.twitter.com을 찾아가야 한다. 여기서 회원가입을 하고 계정을 연다. 이때 아이디는 가급적 남들이 부르기 쉽도록 깔끔하게 정하는 게 좋다.

필자가 처음에 사용한 아이디는 nschoi76이었다. 이름의 이니셜과 생일(7월 6일)을 조합한 것이었다. 한동안 이 아이디를 썼다. 그런데 나중에 주변의 반응을 살펴보니 부르기도, 외우기도 어려운 아이디라는 평가가 많았다. 필자의 트위터 친구 중에 openLee를 아이디로 쓰는 분이 있다. 부르기도, 기억하기도 쉬운 아이디다. '오픈리…, 음, 잘 지었군! 그러고 보니 nschoi76이라는 내 아이디는 영 그렇군. 엔에스초이 칠육…. 부르기도, 기억하기도 어렵다.'

이런 생각을 하면서도 필자는 대담하게도 nschoi76이라는 아이디를 고수했다. 그 아이디를 필자의 브랜드로 삼아온데다가 필자의 이메일, 블로그, 페이스북의 아이디도 그것으로 단일화돼있기 때문이었다. 필자가 단순무식을 좋아하기 때문이기도 했다.

아이디에 관한 한 쓰라린 기억이 있다. 생애 첫 이메일을 한메일(hanmail.net)에 열었는데 그때 덜컥 내가 태어난 연도를 아무 생각 없이 아이디에 넣었다. 그게 평생토록 내 나이를 만천하에 공개하는 어리석은 짓이었음을 곧 알게 됐다. 그래서 그 다음에 네이버에 연 이메일 계정부터는 태어난 연도가 아닌 생일(7월 6일)의 숫자를 아이디에 넣었다.

그런데 nschoi76을 아이디로 쓰기 시작한 뒤로 다양한 '스캔들'에 휘말리게 됐다. 가장 기분 좋은 얘기는 "76년생이신가 봐요!" 하하, 이건 순전히 내 외모 덕분이다. 실물이 실제 나이보다 젊게 보이고, 그런 실물이 반영된 프로필 사진이 힘을 발휘한 것이다. 그래도 76년생은 좀 심했지만…. 그런 말을 들으면 나는 "정신연령이에요" 하고 적당히 상황을 모면하곤 했다. 뭐, 트위터에서 실제 나이를 밝혀야 한다는 조항이 헌법에 씌어있는 것도 아니고, 내가 서짓말을 한 것도 아니니….

그런데 일부 '몰지각' 한 분들이 문제였다. 내 아이디를 보고 76학번으로 오해해서 내 심기를 불편하게 만드는 말들을 하신다. 심지어 어떤 분은 "76년 입사인가요?" 하고 물었다. 아이구, 혈압 올라라!

결국 마음씨 착한 내가 아이디를 바꾸기로 했다. 그 모든 의혹에서 벗어나기 위해 나는 과감하게 아이디 뒤쪽의 숫자를 03으로 바꿔서 새 아이디 nschoi03을 만들었다. 03은 대학원 학번 2003에서 따온 것이다(필자는 미국에서 늦깎이 공부를 한 탓에 대학원 학번이 2003인데, 미국 대학은 통상 졸업연도를 학번으로 한다). 설마 2003년도 출생으로 위장했다는 소리는 듣지 않겠지! 아이디를 nschoi03으로 바꾸자 트위터 친구들이 여러 가지 평가를 해주었다. 그 가운데 "이제 76년생 놀이는 끝났군요!"라는 재미있는 말이 지금도 귓전에 맴돈다.

어쨌든 아이디와 암호(패스워드)를 정하고 계정을 열었다면 일단 출전준비는 된 것이다. 트위터를 하면 할수록 아이디의 중요성을 절감하게 된다. 온라인에서 트위터를 하든 오프라인에서 트위터 번개모임을 하든 트위터를 하는 사람의 정체성은 아이디 그 자체에 있다.

예를 들어 필자의 트위터 친구들은 필자를 주로 'nschoi03'이라는 아이디로 기억하지 '최남수'라는 이름으로 기억하는 경우가 드물다. 필자 자신도 그렇다. 트위터 친구를 기억할 때 그의 아이디를 떠올리지 그의 이름은 그 다음이다. 심한 경우에는 모임에 갔다가 상대방 이름도 물어보지 않고 아이디와 얼굴만 맞춰 기억하고 오는 경우도 있다. 그러고는 나중에 "이름이 무엇이지요?" 하고 묻는 촌극을 벌인다. 이렇게까지 하는 것은 좀 심하긴 하지만!

여하튼 명함을 받고도 그 명함을 준 사람의 얼굴을 떠올리지 못하는 경우는 적지 않은 반면에 아이디를 들으면 그 아이디를 쓰는 사람의 얼굴은 백발백중 기억이 난다. 이래서 나는 행복한 '트위터 중독환자'인가 보다.

여기서 아이디를 결정할 때 유의할 점에 관한 팁을 한 가지 더 말하겠다. 트윗은 140자 이내로 글자 수가 제한된다. 물론 www.twtkr.com을 쓰면 140자가 넘는 장문의 글도 쓸 수 있지만, 이것을 자주 이용하는 것은 바람직하지 않다. 첫 화면에 다 보이지 않으면 클릭을 해서 들어가야 하는 불편이 있기 때문이다. 그만큼 독자 수가 줄어들 가능성이 있다.

트위터는 영어 알파벳 하나하나를 한 자로 인식하기 때문에 영문 아이디가 길면 길수록 상대방이 내 아이디를 앞세워 내게 트윗을 보낼 때 본문을 그만큼 적게 써야 하는 부담이 따른다. '아휴, 이 친구 아이디 때문에 말을 할 수가 없네'라는 핀잔을 들을 수도 있는 것이다.

자기소개도 상대방의 관심을 유도하는 데 중요한 정보다. 아예 자기소개를 안 하는 경우도 있는데 이는 친구로 선택받기가 쉽지 않은 상황을 자초하는 것이다. 누군지도 모르고 친구 하자고 할 수 없는 노릇 아닌가? 트위터에서 서로 친구가 된다는 것은 새로운 인간관계를 만드는 것이다. 그러니 자기가 누구인지를 알리는 데 성의를 보여야 한다.

필자의 경우에는 처음에는 많은 것을 알리는 게 부담스러워 '자유를 추구하는 노마드' 정도의 간단한 소개만을 올렸다. 멋지고 그럴듯하신 한데 '앙꼬가 빠진 진빵' 같은 소개였다. 역시 그런 소개만으로는 팔로어 수를 늘리는 데 한계가 있었다. 내가 누구인지를 투명하게 알리지 않는데 신뢰를 기반으로 하는 트위터에서 다른 분들이 내게 관심을 가져줄 리가 만무하다.

한 트위터 친구의 조언을 받아들여 신분, 직업, 학력, 취미 등을 추가해 현재 내가 올려놓고 있는 자기소개를 만들었다. 그렇게 해서 진화된 나의 자기소개는 다음과 같다. "머니투데이방송 보도본부장, 아름다운 리더를 만나는 '더 리더' 앵커, '교실 밖의 경제학' 저자, Journalist, Happiness, Freedom, Econ, MBA, Media Mgmt, Social Media, Poem, Slow & Steady." 영어단어가 난무하는 건 외국인의 팔로잉을 유도하기 위한 시도다.

이런 식으로 자기소개를 말끔히 재포장하니 신뢰도가 높아져서인지 팔로어 수가 늘어나기 시작했다. 역시 현대사회는 투명한 게 통하는 사회다. 그래서 그런지 저자도 팔로잉을 할 때는 상대방 자기소개를 빠짐없이 읽어본다. 성의 있게 자신을 소개한 분, 그리고 소개의 내용이 내게 흥미를 불러일으키는 분 중심으로 친구를 삼게 되는 것이다. 세상은 바쁘다. 가는 곳마다 사람도 무지 많다. 다른 사람들의 관심을 끄는 자기소개, 이것은 실생활에서만이 아니라 트위터에서도 필수적이다!

사진도 중요하다. 캐쥬얼한 분위기의 사진이 호감을 준다. 필자가 잘 모르고 여권용 사진을 올렸었는데, 여권용 사진과 같이 경직된 모습의 사진은 상대방에게 부담을 주므로 바람직하지 않다. 풍경이나 애완견의 사진을 쓰는 분들도 있다. 필자는 가급적 자신의 얼굴을 보여주는 사진을 쓰기를 권한다. 서로를 알리고 소통하는 마당이 트위터인데 굳이 얼굴을 감출 이유가 없다. 다만 얼굴을 알리지 않은 채 자유롭게 트윗을 하고 싶은 분들이 그렇게 할 자유에 대해 왈가왈부할 생각은 없다.

아무 사진도 걸어놓지 않고 애초에 트위터에서 디폴트로 준 새 그림(트위터 버드)을 그대로 쓰는 분들도 있지만, 이렇게 하는 것은 그다지 좋은 방법이 아니다. 나도 팔로잉 요청이 들어온 경우에 그런 그림이 걸려 있으면 가급적 그 사람은 선택하지 않는다. 자신을 알리지도 않는 유저를 친구로 삼을 이유가 없다고 보기 때문이다.

트위터 가입 따라하기

1. www. twitter.com에 가서 회원가입(Sign up) 클릭

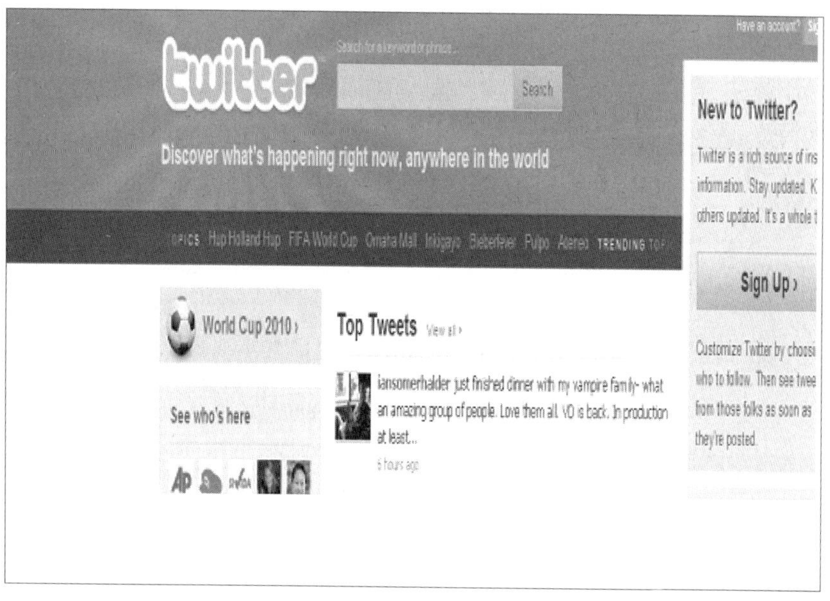

2. Join the Conversation에서 영어로 Full name, User name, Password, Email 입력

후 Create my account 클릭

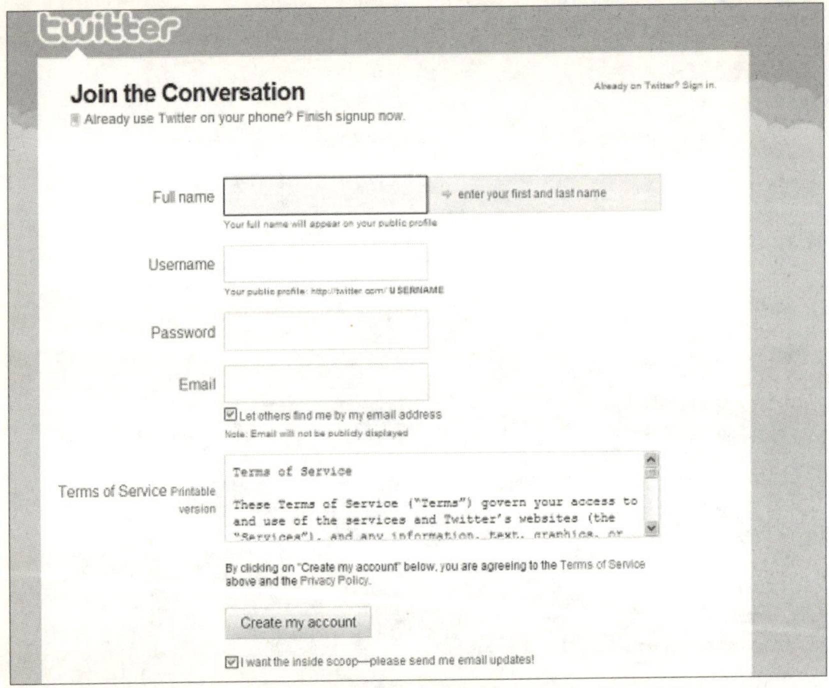

— User name은 가급적 너무 길지 않게 한다. 트위터에 올리는 문장의 길이가

140자 이내로 제한되는데 User name이 지나치게 길면 그만큼 더 제약을 받게

되기 때문이다.

— 이 단계를 마치고 'Create my account'를 클릭하면 'Are you human?' 이라

는 질문이 나오면서 입력해야 하는 단어가 나타나는데 그대로 입력하면 '통

과' 된다.

3. Profile 작성

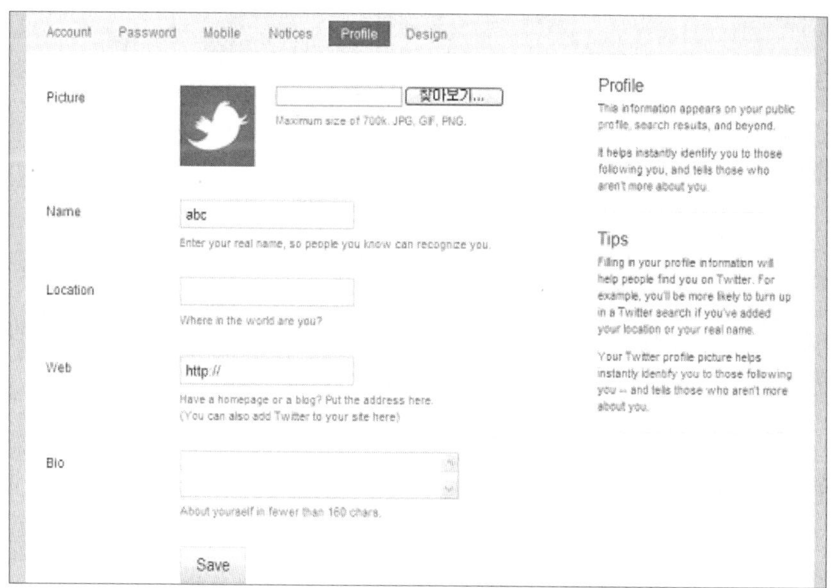

— Picture: 캐쥬얼한 자신의 사진을 올려 부드러운 이미지를 강조하는 게 바람직
하다. 자신의 모습이 아닌 다른 사진을 올리는 분들도 있는데, 의미를 담은 사
진이라면 무방하다고 본다.

— Location: 사는 지역을 명기한다.

— Bio: 여기에는 자기소개를 쓴다. 160자 이내에서 간략한 문장으로 자신을 최
대한 정확하게 표현하는 게 좋다. 직업, 직장, 취미, 좋아하는 것 등을 포함시

키면 된다.

4. Design 설정

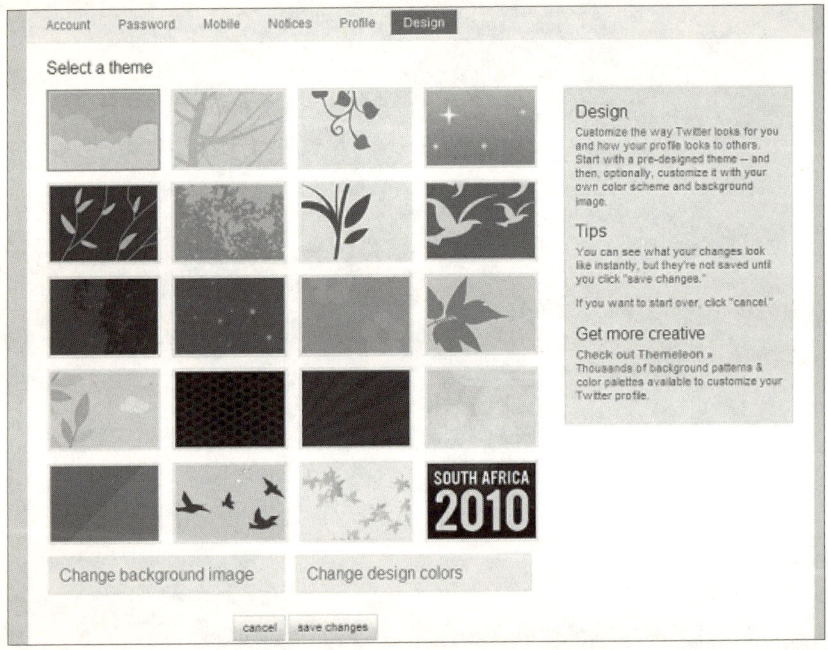

— 자기 취향에 따라 마음에 드는 배경그림을 선택하면 된다.

5. 친구 찾기

— 계정 개설 후 바로 다음에 나타나는 'Find sources that interest you'에서
'Korea'를 클릭하면 한국인 중에서 유명 트위터러들이 나열된다. 그 가운데

관심이 가는 인물을 팔로하면 된다.

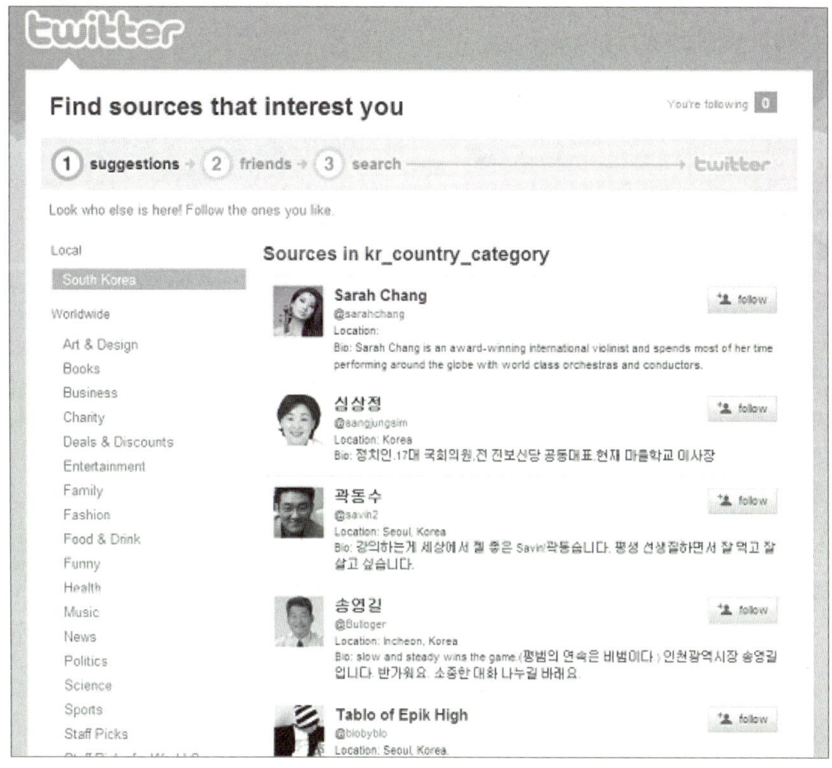

— www.twtkr.com로 가서 아이디와 패스워드(트위터 사이트에서와 동일)를 입력해 계정에 들어가서 '사람찾기' 를 누른 다음에 다음과 같이 한다.

1) '한국 트위터 사용자 자기소개 페이지' 에 가서 자기소개를 한다. 다른 유저들은 이 자기소개를 보고 팔로할 것인지의 여부를 결정할 것이다.

2) '한글 트위터 사용자 디렉토리' 에 가서 분야별 유명인사를 팔로한다.

twtkr
홈 | 검색 | 동네 | 사람찾기 | 도구 | 설정 | 설명서 | 도움말 | 로그아웃
사람찾기
사람찾기
- 한국 트위터 사용자 자기 소개 페이지 http://selfintro.xguru.net
- OikoLab의 Twitter Korean Index http://tiki.oiko.cc/
- 한글 트위터 사용자 디렉토리 koreantweeters.com
- Twitter.com의 Find People http://twitter.com
- 트윗토스터 http://twitoaster.com/
- 트위터카운터 - 서울 http://twittercounter.com/pages/country%26time_zone=Seoul
- 트위터 그레이더 - 대한민국 http://twitter.grader.com/index.php?Action=TwitterUsersByLocation&Country=KR
- 트위터 그레이더 - 대한민국2 http://twitter.grader.com/location/?Location=korea
- wefollow - 대한민국 http://wefollow.com/twitter/korean/

트위터를 하는 데 유용한 사이트

http://selfintro.xguru.net

한글 트위터 사용자가 자기소개를 할 수 있다. 초보의 경우 이 사이트에서 자기소개를 하면 다른 트위터러의 팔로잉을 유도할 수 있다. 또한 이 사이트에서 다른 트위터러의 자기소개를 보고 팔로잉하는 것도 가능하다.

http://koreantweeters.com/ktwitter/list/1

한국의 트위터러들을 분야별로 정리해놓은 사이트.

www.twitaddons.com

팔로어 관리, 관심이 같은 사람들끼리의 모임 결성 등 트위터와 관련된 일을 종합적으로 관리할 수 있게 해준다.

www.twitlonger.com

140자가 넘는 글을 쓸 때 이용할 수 있는 사이트. www.twtkr.com에서는 이 사이트를 이용하지 않아도 140자가 넘는 글을 입력할 수 있다.

www.twitpic.com

사진을 등록해 공유하고자 할 때 이용할 수 있는 사이트.

www.twitbackgrounds.com

이 사이트를 이용하면 트위터 홈페이지의 배경그림을 다양하게 선택할 수
있다.

www.tweetdeck.com
www.seesmic.com
www.twhirl.org
www.mixero.com

트위터를 편리하게 사용할 수 있게 해주는 클라이언트 사이트. 스마트폰에서
이용할 수 있는 애플리케이션인 Simply Tweet도 이들 사이트와 비슷한 기능을
해준다.

www.friendorfollow.com

팔로잉과 언팔로 상태를 한눈에 파악할 수 있게 해주는 사이트.

친구 만들기의 심리학, 팔로잉과 팔로어

팔로잉(following)은 줄여서 '팔롱' 이라고도 한다. '친구하자!' 는 뜻이다. 이것은 친구를 만드는 첫 단추다. 친구 할 사람을 탐색하려면 http://twtkr.com/find_people.php에 가보는 게 처음에는 제일 편하다. 유명인을 비롯해 많은 트위터 사용자들을 볼 수 있게 된다. 마음에 드는 상대를 발견하면 먼저 그 사람의 홈페이지(www.twitter.com/상대방 아이디)로 간다.

필자의 경우에는 사진이 자기 사진이 아니거나 자기소개가 없으면 원칙적으로 친구 신청을 하지 않는다. 트윗은 상대방이 누구인지를 알고 신뢰의 토대 위에서 주고받는 대화여야 한다고 생각하기 때문이다. 물론 오프라인에서 만나본 적이 있어 그 사람이 괜찮은 분임을 알고 있거나 그 사람의 트윗 내용이 괜찮은 경우는 예외다.

여성인 것처럼 보이는데 나중에 알고 보면 남성인 경우나 그 반대의 경우도 있다. 실제로 트위터 공간에서 이런 경우에 해당하는 소동이 일어난 것을 지켜본 적이 있다. 음양의 원리상 남녀가 서로 끌리는 건 어쩔 수 없는 이치인데, 어떤 트위터 유저를 여자로 알고 다른 사람들이 그와 대화를 나누다가 결국 그가 남자임이 드러나자 비난의 말이 돌았다. 그런데 그건 그만의 잘못이 아니었다. 그를 여자로 알고 대책 없이 달려든 남성 유저들 모두의 태도가 문제였다. 어쨌든 사진만 보고 속단하지 말자!

다음은 자기소개. 가급적 자기소개를 충실하게 한 사람을 선택하자. 그런 사람은 대화를 나누기에도 괜찮은 사람일 가능성이 높다. 어떤 사람을 친구로 삼기 전에 그 사람의 트윗을 한번 둘러보기를 권한다. 사람별로 채팅선호형, 독백형, 정보제공형, 혼합형 등으로 분류할 수 있다. 이왕 친구를 선택하는 것이라면 자기 취향에 맞는 사람을 골라야 하지 않겠는가?

초보자는 처음에 자기가 올리는 글의 구독자, 즉 팔로어를 늘리는 게 쉽지 않은데, 일단 자기와 같은 단계의 초보자나 주변의 아는 사람 중심으로 팔로한 다음에 그 사람들의 팔로어나 그 사람들이 팔로하는 다른 사람들을 나도 팔로하면 된다.

이런 과정을 거쳐 어떤 사람과 친구 하고 싶다는 생각이 들면 팔로(follow)를 누르면 된다. 가볍게 꾹! 여기서 중요한 팁 하나! 팔로잉 요청을 한 다음에 무턱대고 상대방의 결정을 기다리고만 있기 보다는 상대방에게 '팔로잉 요청했습니다, 잘 부탁합니다' 정도의 인사를 건네 두면 상대방이 응답해줄 가능성이 높아진다. '아, 이 친구 예의바르고 싹싹하군' 하는 생각이 들 테니. 말 한마디로 천 냥 빚은 못 갚아도 새로운 친구는 얻을 수 있다. 필자는 상대가 먼저 인사를 걸어오면 고마워서 백발백중 맞팔로에 들어간다.

한 가지 당부의 말! 팔로잉 요청을 했는데 응답이 없다고 해서 의기소침해지지 말라. 트위터를 시작한 지 얼마 안 되는 유저는 다른 사람들과 말을 섞기가 쉽지 않다. 서로 이미 친해진 다른 사람들 사이에 끼어 들어가서 자신도 그들로부터 인정을 받아야 하는 '기본적인 인간관계 수립'의 과정이 남아있기 때문이다. 이건 생략할 수 없는 과정이다.

이때 자신이 '왕따'를 당한다는 불필요한 피해의식을 갖게 되어 트위터를 아예 접어버리는 분들도 있다. 그런데 그건 오판이다. 새로 트위터를 시작한 유저는 자기가 다니던 학교를 떠나 다른 학교로 전학을 왔다고 생각하면 된다. 남들이 자기에게 다가오기 전에 새로 전학 온 자기가 먼저 남들에게 인사하고 웃어주면 되는 것이다. 트위터 공간도 어차피 사람 사는 사회. 그러니 내가 먼저 다가가면 어렵지 않게 트위터를 즐길 수 있게 된다.

이런 과정을 거쳐 서로 맞팔로가 되면 이젠 두 사람이 쌍방향 대화를 할 수 있는 길이 열린다. 쌍방향 대화는 공개적으로 할 수도 있고, DM을 활용해 잠수 타는 방식으로 할 수도 있다. 상대방이 팔로잉을 해주지 않아도 그와 공개대화를 하는 것은 물론 가능하다. 하지만 맞팔로가 되어 DM이 가능해지면 남들의 눈을 피해 둘만의 '은밀한 대화'를 할 수 있게 된다. 그 내용은 달콤한 것일 수도 있고, 험한 것일 수도 있으며, 만남을 위한 약속일 수도 있다. 당신과 상대방의 교감에 따라 그 내용은 천차만별일 것이다.

팔로어(follower)는 자신의 글을 구독하는 사람을 가리키는 말이다. 팔로어가 되겠다는 요청이 들어왔다면 그것은 팔로잉과는 반대로 다른 사람이 당신에게 친구 하자는 의사를 밝힌 것이다.

이것은 두 가지로 나뉜다. 다른 분이 먼저 당신을 발견하고 친구 하자고 손을 내민 경우가 있는가 하면, 당신의 친구 하자는 요청을 받은 상대방이 당신을 괜찮게 생각해 '맞팔로잉'으로 친구 하자고 한 경우가 있다. 앞의 경우는 상대방이 먼저 당신에게 친구 하자고 요청한 것이니 당신은 선구안을 발휘해 가부의 의사결정을 하면 된다.

이때 위에서 필자가 팔로잉을 설명할 때 언급한 몇 가지 기준을 참고하라. 뒤의 경우는 당신의 친구 하자는 요청에 맞장구를 쳐준 것이니 누이 좋고 매부 좋은, 그야말로 기분 좋은 성공사례가 된다.

친구 하자는 다른 사람들의 요청을 얼마나 많이 받아들일 것인가? 이건 정말 본인이 결정해야 할 사안이며, 전략과 선택의 문제다. 친구 하자는 요청을 다 받아들일 것인가, 아니면 선별해 받아들이되 좀 넉넉하게 갈 것인가, 그것도 아니면 아주 까다롭게 스트라이크 존을 설정할 것인가. 트위터러들은 정확하게 세 가지 부류로 나뉜다.

유형 1 가는 사람 말리지 않고 오는 사람 환영하는 분들이 있다. 웬만한 사람이 친구 하자는 신호를 보내오면 거의 다 수용하는 너그러운 타입이다. 친구가 많아지면 좋긴 하지만, 너무 많아지면 말을 주고받아야 할 상대의 수가 감당

할 수 없을 정도가 되어 정신이 없어질 수 있다.

유형 2 친구 하자는 요청을 받으면 선별을 하긴 하지만 그래도 상당수를 받아들이는 '중용의 길'을 가는 타입이 있다. 팔로잉이 많아지면 아무래도 글을 다 보기 어려워지기 때문에 친구 수를 적당한 수준으로 조절하는 타입이다. 필자도 이 중간형에 속한다. 다른 사람들의 친구 하자는 요청을 60~70퍼센트 정도 받아들인다면 이 부류에 속한다고 볼 수 있다.

유형 3 마지막으로 엄격한 선별형이 있다. 자신이 봤을 때 '스트라이크'라고 생각되는 사람들만 받아들여 친구로 삼는다. 트위터를 하다가 이런 선별형에 속하는 상대를 만나면 '자기는 얼마나 잘났는데' 하며 기분나빠하는 분들을 종종 보게 되는데, 전혀 그럴 필요가 없다. 트위터 공간은 각자가 자기 나름대로 선택을 하는 장소이니 그런 상대를 만나면 '아, 이런 분도 계시는구나' 하고 가볍게 생각하고 넘어가면 된다.

트위터는 말 그대로 '엿장수 마음대로' 할 수 있는 공간이다. 특히 유명인에 대해서는 자기가 그분의 트윗을 구독한다는 마음으로 팔로하는 게 마음이 편하다. 그분이 자기를 팔로해주지 않는다고 서운해 할 필요가 없다.

필자도 팔로잉을 2천 명 이상으로 늘리면서부터는 불편한 점이 한둘이 아니다. 일단 타임라인에 많은 분들의 글이 올라오면서 스쳐가니 내가 팔로하는 모든 분들의 글을 다 보는 게 불가능하다. 그러다 보니 내게 말을 걸어오시는 분이나 DM을 보내오시는 분들과 주로 대화하게 된다. 또 타임라인을 10분 전 이후에 올라온 트윗으로 제한해 훑어보게 되고, 주로 독백부터 시작하게 된다.

　나도 이런데 팔로어가 1만 명이 넘는 분이라면 그 많은 팔로어를 다 팔로할 수 없는 게 당연하다. 선별하지 않고 무턱대고 다 팔로잉 요청을 받아주면 대화에 적극적인 사람으로 비쳐질지는 모르겠지만, 그건 사실상 불가능한 일을 하겠다고 하는 것과 마찬가지다.

팔로잉 관리

내가 팔로잉하는 유저의 수가 많아지면 그들의 글을 다 본다는 게 불가능해진다. 타임라인에서 현재 움직이는 글 위주로 볼 수밖에 없다. 그리고 그렇게 하는 것이 맞다. 필자도 처음에는 그랬지만 초보자일수록 자기가 팔로잉하는 사람들의 글은 모두 다 읽어야 한다고 생각하는 경향이 있고, 필자도 처음에는 그랬다. 그런데 팔로잉 수가 많아지면 그런 생각은 일찌감치 내려놓는 게 좋다.

그런데 여기서부터 문제가 시작된다. 친구들의 글을 다 보지 못하게 되면서부터는 꼭 읽어야 하는 글까지 놓치게 되는 것이다. 주요 언론사의 뉴스, 관심이 가는 유명인이나 기업이나 단체의 트윗, 절친한 친구가 올린 글 등이 바로 그것이다. 이런 문제에 대한 해법으로 트위터에 '리스트(list)' 기능이 추가됐다. 이것은 마치 웹의 '즐겨찾기' 처럼 자기가 꼭 봐야 하는 트윗을 올리는 유저들을 그룹으로 묶어 관리할 수 있게 해주는 기능이다.

필자의 경우는 경제, 소셜미디어, 유명인, 정치인 등으로 그룹을 만들어 리스트 관리를 하고 있다. 하지만 리스트 관리를 하더라도 각 그룹에 소속시킨 사람 수가 너무 많아지거나 어느 그룹이든 그 안에서 어느 한 사람이 너무 많은 이야기를 하면 다시 문제가 생긴다. 내가 다른 사람들의 트윗을 읽기가 불편해지는 것이다.

필자는 이런 불편함을 예방하기 위해 RSS 기능을 활용한다. www.hanrss.

com에 계정을 연 다음에 자기가 꼭 읽어야 할 글을 올리는 유저들의 트위터주
소(www.twitter.com/아이디)를 입력하면 그 유저들의 글만을 별도로 자동으로
모을 수 있다. 이런 식으로 내가 관심을 갖고 있는 유저들의 주소를 별도로 관리
하면 언제든 메뉴에서 특정한 유저를 클릭하면 바로 그 유저의 글을 읽을 수 있
게 된다.

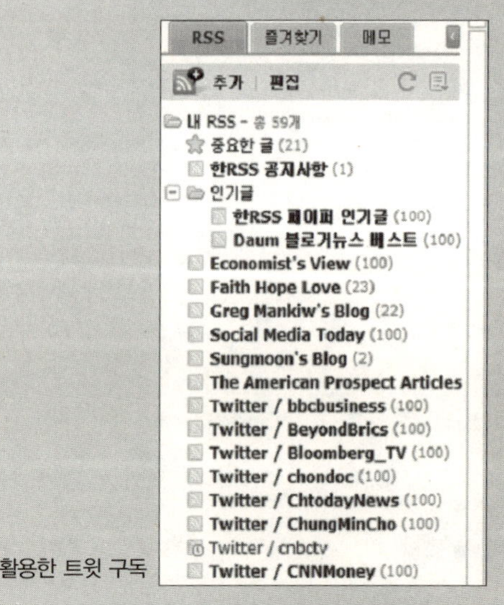

HanRSS를 활용한 트윗 구독

이별의 심리학, 언팔과 블록

언팔로(unfollow)는 줄여서 '언팔'이라고도 하며, "나, 너 싫어!"라는 뜻이다.

한번 친구는 영원한 친구인가? 만나고 헤어지고 결혼하고 이혼하고…, 이런 일들이 부지기수로 일어나는 게 현실의 삶이지만 트위터 공간에서도 이런 일들이 일상처럼 일어난다. 어찌 보면 사이버 인간관계는 더 쉽게 틀어져 이별로 이어질 가능성이 있는 것이다.

트위터에서는 누구나 다른 사람의 사진, 자기소개(직업, 생각 등도 포함), 그동안 해온 말 정도만 보고 그 사람을 친구로 삼을지의 여부를 판단한다. 남녀가 맞선을 보는 경우는 물론이고 오프라인 친구를 사귀는 경우에 비해서도 훨씬 부족한 정보만 가지고 상대를 친구로 삼을지 말지에 대해 결정을 내리는 것이다. 물론 나 자신도 그런 결정을 하기도 하고 당하기도 하는 일이니 뭐, 피장파장이긴 하지만.

일단 어떤 사람과 친구가 된 뒤에도 그 사람이 하는 말에서 드러나는 성격,

그 사람이 나에게 관심을 두고 자주 말을 걸어오는지의 여부, 혹시 식사라도 함께 하게 되면 그때 보게 되는 그 사람의 실제 모습과 태도 등을 살펴본 뒤에 '어유, 재수덩어리!' 라는 판단이 내려지면 친구관계에 종지부를 찍는 일이 흔히 일어난다.

친구관계에 종지부를 찍는 방법은 쉽다. 분해는 조립의 역순 아니던가? 팔로할 때 눌렀던 곳을 다시 누르면 언팔로가 된다. 자, 여기서 언팔의 심리학을 좀 따져보자. 정신건강을 위해 그래야 할 필요가 있다. 상대방에 대한 언팔의 제재는 주로 상대방이 마음에 들지 않는 말을 해오는 등의 이유로 기분이 상했거나 상당기간 대화가 없을 때, 내가 친구 하자고 요청했는데 상대방이 응해주지 않을 때, 상대방이 먼저 나를 언팔했을 때 일종의 보복조치로 하게 된다.

그런데 언팔을 당한 사람은 자신이 언팔을 당했다는 사실을 어떻게 알 수 있을까? 어느 날 DM을 보내려고 하는데 그게 안 되면 자신이 언팔을 당한 것이다. DM은 자주 하는 게 아니어서 자신이 언팔을 당한 사실을 알게 될 때까지 시간이 걸릴 수도 있다. 팔로어 수에 민감한 사람들은 그 수가 줄어들 때마다 '누가 날 잘랐지?' 하는 궁금증을 갖게 된다. 그런데 수많은 팔로어 중에서 자신을 언팔로 '모욕' 한 범죄자를 어떻게 찾아내나? 수사권이 있는 것도 아니고.

그러나 요즘 세상이 어떤 세상인가? 수요가 있는 곳에는 공급이 있게 마련이다. www.twitaddons.com에 가서 '팔로 매니저' 를 클릭하면 누가 나를 모욕했는지를 금방 알 수 있다. 또 www.friendorfollow.com이나 www.refollow.com에 가서 자기 아이디를 넣으면 자기를 언팔한 사람을 찾아낼 수 있고, 그 사람 사진을 클릭하면 해당 홈피로 가게 되니 거기서 '가차 없는 보복'도 할 수 있다. '날 버렸다 이 말이지. 이제 나도 널 버리련다.' 속이 다 후련해진다.

그러나 잠깐! 팔로와 언팔, 둘 다 각자의 자유의지로 하는 일이다. 상대방이 나를 언팔했다고 해서 불쾌해 할 필요가 없다. 내게도 언제나 수시로 언팔할 수 있는 자유가 있으니 피장파장인 것이다. 오는 사람 막지 말고 가는 사람 잡지 말자!

필자도 초보 시절에는 나를 언팔한 자가 있으면 괘씸하다는 생각에 그가 누구인지를 끝까지 추적해서 알아낸 다음에 속이 후련하게 대응조치를 취했다. 그런데 시간이 흐르면서 트위터 경력이 쌓이다 보니 나를 언팔한 사람을 구태여 그렇게 찾아내서 보복하는 것이 바람직한 일은 아니라는 생각을 하게 됐다. 그렇게 해서 내 마음에 상처를 입고 상대방에 대해 나쁜 감정을 갖게 되는 나 자신을 발견하고부터는 방금 앞에서 말한 사이트들에는 가지 않기로 했다. 속이 너무나 편해졌다.

'남은 가든 말든 나는 나의 길을 가련다'라는 자세를 갖는 것이 트위터를 즐기는 데 매우 중요하다.

언팔로와 관련된 재미있는 일화 하나를 소개한다. 트위터 세계에서 활발하게 활동하시는 한 분은 독특한 언팔 습관을 갖고 계시다. 어떤 유저가 유난히 글을 많이 올려 자기가 봐야 할 글이 지나치게 많아지면 그렇게 수다를 많이 떠는 유저를 잠시 언팔해서 화면에 안 나타나게 만들고, 나중에 다시 그 유저를 팔로하는 것이다.

그런데 그분과 나 사이의 관계에서 문제가 생겼다. 나와 그분은 평소에 친하게 지냈는데 어느 날 갑자기 그분이 나를 언팔한 것을 내가 알게 됐다. '아, 내가 수다를 너무 많이 떨었구나. 다시 팔로하시겠지' 하고 대수롭지 않게 여기고 넘어갔다.

그런데 며칠 뒤에 다시 확인해보니 여전히 언팔된 상태 그대로였다. '친한 관계였는데 언팔 결정을 하셨구나' 라고 생각하니 서운한 마음이 울컥! 나도 그분을 언팔했다. 그 뒤에 그분이 '언팔했다가 다시 팔로한다는 것을 깜박 잊었다' 고 해명해왔고, 우리는 다시 맞팔로 관계를 복원시켰다. '아이구, 잠시만 참을 걸 … 내가 내 성질을 못 이겨서' 하는 후회가 밀려왔다.

얼마 후 그분이 올린 트윗이 내 얼굴에 미소가 돌게 했다. "타임라인을 좀 보기 편하게 하기 위해 잠시 언팔을 하자니 보복이 두려워서 못 하겠다."

내가 어떤 사람을 언팔하면 그 사람의 글이 내가 보는 타임라인에 뜨지 않게 되고, 그 사람과는 DM으로 비밀스런 대화를 할 수 없게 된다. 하지만 상대방은 일방적으로 팔로잉을 유지해서 내 글을 볼 수 있다. 상대방도 내 글을 보지 못하게 하는 방법은 없을까?

블록(block)은 말 그대로 모든 걸 차단하는 '인간관계의 단절' 이다. 언팔이 유기징역이라면 블록은 무기징역에 해당된다. '너 꼴도 보기 싫어!' 하고 말하는 것과 같다. 내가 상대방을 블록하면 자동으로 나에 대한 상대방의 팔로잉도 풀린다. 상대방이 나를 추종하려고 해도 할 수가 없다. 서로 글을 주고받을 수가 없다. 언팔에서 안 되는 DM은 물론 블록에서도 안 된다. 그러니 블록은 최대한 신중하게 이용해야 한다. 정말이지 도저히 참을 수 없는 경우에 한해 블록을 이용하자.

필자도 드문 일이지만 블록을 한 적도 있고, 당한 적도 있다. 먼저 필자가 블록을 한 경우를 얘기해보겠다. 어떤 분이 상당히 거친 언어를 구사하기는 하지만 가끔 내가 참고할 만한 의견을 내놓곤 해서 꾹 참고 그분의 글을 구독한 적이 있다. 그런데 하루는 그분이 공개 트윗을 통해 육두문자까지 구사하는 것을 보게 되어 필자는 "도저히 참을 수가 없어 블록합니다. 양해해 주십시오"라는 트윗을 올린 다음에 곧바로 블록에 들어갔다.

또 한번은 다른 어떤 분이 올린 트윗 가운데 지역감정을 조장하는 내용의 트윗이 있기에 곧바로 그분을 블록했다. 그런데 얼마 뒤에 그분이 필자의 블로그를 찾아와서 댓글로 "나를 블록한 이유를 알고 싶다"고 해서 대화를 시작했다. 그분은 지역감정 조장의 혐의를 받은 문제의 글은 자기 나름대로는 패러디 형식으로 올린 글이라고 해명했다. 필자로서도 충분히 이해가 갔다. 그래서 필자는 그분에 대한 모든 제재조치를 해제하고 '국교정상화'의 길로 들어섰다. 그분과는 지금도 맞팔로잉 관계를 유지하고 있다.

이번에는 필자가 블록을 당한 경우를 얘기해보겠다. 평소에 'IT치'인 필자가 트위터에 잘 적응하도록 다양한 도움을 준 친구가 어느 날 보니 필자에게 블록을 걸어놓고 있었다. 이해가 안 되어 이유라도 알고 싶어 이메일로 질문을 했는데 그 친구는 계속해서 묵묵부답! '뭔가 불편한 게 있었겠지' 하고 넘겼지만 필자에게 언짢은 마음이 남는 건 어쩔 수 없었다. 혹시 길거리나 모임 같은 데서 그 친구와 마주치면 얼마나 어색할까 하는 생각이 든다. 지금도 필자는 나에 대한 그 친구의 블록 조치가 납득이 되지 않는다.

트위터에서 이루어지는 언팔과 블록은 오프라인 인간관계에도 부담이 될 수 있다. 나를 언팔하거나 블록한 사람은 오래도록 내 기억에 남아있게 되는데, 그러다가 우연히 그 사람과 실제로 마주친 경우를 상상해보자. 그 사람과 대화를 시작하기는 난생 처음 만난 사람과 대화를 시작하기보다 어렵고 어색할 수밖에 없을 것이다. 물론 그래서는 안 되겠지만.

말 걸기와 잠수 타기

멘션(Mention, '말 걸기')은 상대방에게 말을 거는 행위를 말한다. 필자의 아이디가 nschoi03이니 누구든 @nschoi03이라고 쳐 넣고 트윗을 써서 올리면 그 트윗은 필자 앞으로 배달된다. 필자 한 사람에게 말을 걸든, 여러 사람에게 말을 거는데 그 가운데 필자가 끼어있든 그 트윗은 어김없이 필자에게 배달된다.

유의할 점은 반드시 아이디 앞에 @를 써야 한다는 것이다. 이것을 빠뜨리면 트윗이 전달되지 않는다. 또 '@아이디'를 걸어 글을 보낸 다음에 '아차, 실수했다' 싶어 그 글을 삭제하면 상대방에게 전달된 그 글을 없어진다. 하지만 다른 사람이 퍼 나른 글(Retweet, 이것은 뒤에서 상세하게 다룰 예정이다)은 삭제가 안 되니 글을 올리기 전에 한 번 더 생각해보는 자세가 필요하다.

말 걸기의 실례를 들어보자. 2010년 4월 6일 낮에 저자는 다음과 같은 독백을 올렸다.

"출근 이틀째인 신입사원들을 '모시고' 점심을 같이 했습니다. 이런 말 좀 그렇지만, 제 눈엔 정말 병아리같이 귀여운 친구들. 물도 잘 주고 먹이도 잘 주고 환경도 잘 만들어줘서 늠름한 장닭으로 키워야겠다는 생각이 들었습니다. 저도 그 시절엔 귀여웠는데…."

그러자 다른 유저가 필자에게 멘션으로 말을 걸어왔다.

"〈발신자 ID〉 @nschoi03 OO라디오의 〈XX의 오늘〉입니다~. 본부장님이 오늘 후배 기자들과 점심 드시면서 하신 생각을 저희 방송 2부 오프닝에서 소개했습니다. 먼저 허락을 받았어야 했는데, 늦게 알려드려서 죄송합니다. 글이 너무 따뜻하더라구요."

필자는 다음과 같은 답변을 보냈다.

"〈수신자ID〉 @nschoi03 괜찮습니다. 오히려 제가 영광이지요."

디엠(DM; Direct Mail)은 '잠수 타기'다. 소곤소곤 '귀엣말'을 하려면 이것을 이용하면 된다. 자신을 팔로하고 있는 사람에게만 이것을 보낼 수 있다.

DM은 공개 트윗으로는 나누기 어려운 이야기를 해야 하거나 그렇지는 않더라도 이야기가 길어져 남들에게 폐가 될 수 있는 경우에 사용한다. 어떤 분들은 공개 트윗은 철저히 정보제공 등 공적인 목적으로만 제한해 사용하고 사적인 대화는 DM을 사용한다.

DM을 통해 남녀간의 은밀한 대화가 이루어지고(트위터 공간에서 벌써 몇 커플이 탄생했다!), 같이 모임을 갖는 분들끼리 정보교환이 이루어지고, 사적인 질문과 답변이 오간다. 때로는 이성간에 작업을 거는 장소로 활용된다고도 한다. 이런 건 세상 어디에나 있는 것이고 이성간의 자연스러운 관심표명 행위이니 사시로 볼 필요는 없다.

DM과 관련해 몇 가지 기억해둘 만한 것들을 알려드리겠다. 우선 DM은 이메일에 링크시켜둘 수가 있다. 설정에서 그렇게 세팅하면 된다. 그렇게 해놓으면 굳이 트위터에 들어가지 않아도 이메일로 상대방이 보내온 DM을 볼 수 있다.

그런데 이런 세팅이 가능한 것이 함정이 될 수도 있다. 누구에겐가 DM을 보낸 다음에 마음이 바뀌어 상대방이 그것을 안 봤으면 하는 생각이 들 때가 있다. 예를 들어 감정이 한순간 욱해 "당신, 나에게 너무 한 것 아냐?"라는 DM을 보냈다고 해보자. 잠시 뒤에 마음이 바뀌었다. '아이구, 실수했다. 조급했다. 빨리 지워서 증거를 없애자.'

그런데 DM을 지워도 그 사이에 상대방이 그것을 이메일로 수신해 두었다면 그건 절대로 내가 지울 수 없다는 데 문제가 있다. 상대방은 내가 DM을 지웠다는 사실까지 알게 된다. '이 친구, 이걸 보내놓고 지웠구먼.' 상대방은 이렇게 속말을 할 것이다. 그래서 DM을 보낼 때는 신중해야 한다.

또 한 가지 더 말한다면, DM은 내가 보내놓고 지우면 상대방의 보관창고에서도 그것이 없어지고, 상대방이 내게 보낸 것을 지우면 내 보관창고에서도 그것이 없어진다. 그래서 조심해야 하는 측면도 있다. 불필요한 오해가 생길 수 있기 때문이다.

사실 필자로서는 트위터가 왜 이렇게 해놓았는지가 잘 이해되지 않는다. 내가 내 것을 지우더라도 그렇게 하는 것이 상대방의 보관창고에는 영향을 미치지 않는 게 좋을 텐데…. 이런 트위터의 특성과 관련된 개인적인 경험이 있다.

필자는 웬만하면 DM을 지우지 않는다. 그런데 어느 날 어느 한 분의 DM이 말끔하게 사라졌다. 알고 보니 그분이 대청소를 하면서 내 보관창고에 있는 글까지 다 날려버린 것이었다. 까닭을 물어봤더니 "중요하지 않은 건 다 없앴다"는 답이 돌아왔다. 그 분의 DM이 내 의지와는 무관하게 지워진 것도 그렇지만, 그분의 답도 필자에게 좀 불편했다. '나라면 상대방에게 미리 양해를 구하는 예의를 차렸을 텐데' 하는 생각이 들었다.

DM에서 또 한 가지 주의할 점이 있다. DM을 잘못 이용하면 자칫 자신이 스팸을 유통시키는 발원지나 경유지가 될 수 있다. 어느 날 갑자기 트위터 친구로부터 "I just added you to Mafia …" 식의 영문 트윗이 날라 왔는데 그 뒤에 링크가 달려 있으면 대개는 그걸 한번 눌러보게 된다. 친구를 믿으니….

그런데 그러한 신뢰나 호기심이 화근이 된다. 링크를 누르는 순간 당신의 친구들에게 똑같은 스팸이 DM으로 전달되고, 그 친구들 가운데 상당수가 각각 자신의 친구들에게 그 스팸을 다시 DM으로 보내게 되고…. 이런 식으로 악순환의 릴레이가 계속되는 것이다.

이미 알고 지내는 외국인 친구가 보낸 DM이 아니라면 영문 트윗은 무조건 삭제하는 게 남들에게 폐를 안 끼치는 지름길이다. 이상야릇한 DM이 왔을 때 호기심은 금물이다. 삭제가 최선이다! 그리고 스팸을 중간에서 전달한 유저는 자신이 그런 역할을 했다는 사실을 모르고 있을 수 있으니 그에게 알려줄 필요가 있다. 그래야 그가 같은 실수를 반복하지 않을 테니까.

리밋(Limit)은 '수다 그만 떠세요'라는 뜻이다. 어느 한 사람이 지나치게 많은 말을 하면 다른 사람들을 불쾌하게 만들 수 있다. 지나친 수다를 막기 위해 트위터는 말할 수 있는 시간에 리밋을 정해놓고 있다. 이것을 넘어서까지 말하는 사람에 대해서는 트위터가 정한 시간 동안 새로운 트윗을 올릴 수 없게 된다. 시끄러우니 아예 강제로 입을 막아놓는 일종의 '함구령'이다.

예를 들어 하루에 1000개의 트윗을 올리면 트윗 이용이 일정 시간 중단되고, 하루에 250개의 DM을 보내면 DM 이용이 중단된다. 또 외부 애플리케이션(트위터를 편리하게 이용할 수 있도록 만든 소프트웨어)으로 시간당 150개의 트윗을 올리면 외부 애플리케이션을 이용해 트윗을 올릴 수 없게 된다. 리밋에 걸린 사람들은 대부분은 트위터의 제재를 받아들이지만 맹렬 트위터 유저들은 제2의 계정을 만들어 다시 트윗을 올리는 집념을 보이기도 한다.

미국에서는 핸드폰으로 한 번에 보낼 수 있는 SMS 글자 수가 160자로 제한된다. 여기에 아이디를 써넣는 공간으로 20자를 감안해 메시지 내용을 140자로 제한한 것이다. 그런데 이 140자 제한이 영어보다 한글에 훨씬 유리하다. 영어는 알파벳 하나하나가 한 자로 인식되지만 한글은 글자 하나하나가 한 자로 인식되기 때문이다. 예를 들어 한글로 '경제'는 두 자의 낱말이지만 영어로 'Economy'는 일곱 자의 낱말이다.

이런 글자 수 제한 때문에 내 아이디가 길면 상대방이 내게 보낼 수 있는 트윗 글자 수가 그만큼 적게 된다. 그러므로 가급적 기억하기 쉬우면서 짧은 아이디를 쓰는 게 좋다. 또한 글자 수가 제한되다 보니 트위터에서는 메시지 전체의 글자 수를 줄이기 위해 다양한 약어와 은어가 사용된다. 예를 들면 '감사합니다'는 '감사함다'로, '팔로잉'은 '팔롱'으로 축약된다. 영어에서도 'you'는 'u', 'are'는 'r'로 축약된다.

글자 수 제한 때문에 웹 주소의 길이를 줄여주는 bit.ly, goo.gl, tr.im 등의 서비스도 이용된다. 이런 서비스를 이용하면 예를 들어 'http://www.youtube.com/watch?v=WJUL1_4hksY'라는 웹 주소의 표기가 'http://j.mp/auQ6tq'로 크게 줄어들어 메시지에 다른 내용을 그만큼 더 많이 쓸 수 있게 된다.

그러나 트위터에 140자가 넘는 글을 올리는 것이 불가능한 것은 아니다.

twtkr에서는 140자가 넘는 긴 글을 올리는 것이 가능하다. 또 www.twitloner.

com을 활용해도 140자가 넘는 글을 올릴 수 있다. 하지만 트위터는 그 원래의

취지와 원칙이 140자 이내의 단문에 의한 소통에 있는 만큼 가급적 한 눈에 볼

수 있는 140자 이내의 글로 소통하겠다는 태도를 갖는 것이 바람직하다.

나비효과를 불러오는 리트윗

리트윗(RT; Retweet)은 '혼자 알긴 아깝다!' 라는 생각이 드는 글을 다른 유저들에게 전달하는 행위다. 여기서 RT를 별도의 주제로 분류해 이야기하고자 하는 것은 그만큼 RT가 중요하고 그 영향력이 크기 때문이다. RT는 피라미드 조직과 같은 기능을 하므로 전파효과가 매우 크고 빠르게 나타난다. 사실 트위터의 힘은 RT에서 나온다고 해도 과언이 아니다.

필자가 6800여 명에 이르는 필자의 팔로어들에게 예를 들어 "남태평양의 한 섬에서 진도 8의 강진이 일어나 수십만 명의 사상자가 났다"는 트윗을 보냈다고 해보자. 중요도가 높은 소식이므로 필자의 팔로어들이 "RT @nschoi76 남태평양의 한 섬에서 진도 8의 강진이 일어나 수십만 명의 사상자가 났다"고 각각 자신의 팔로어들에게 전달할 것이다. 그러면 그런 전달을 받은 팔로어들이 다시 RT를 하고…. 이런 식으로 끝이 어디가 될지 모르는 전파과정이 계속되는 것이다.

짧은 시간에 많은 사람들에게 정보가 피라미드 망을 탄 듯이 번져간다고 보면 된다. 처음에 어떤 정보를 올린 어느 한 사람의 날갯짓이 나중에는 엄청나게 많은 사람들이 그 정보를 전해 듣고 반응하게 되면서 큰 소동으로 이어지는 것이다. 이런 점에서 RT는 '트위터의 나비효과를 일으키는 엔진'이다.

필자가 개인적으로 RT의 빠른 정보전달 기능 때문에 곤욕을 치렀던 사례를 소개하고자 한다. 2009년 10월 26일 오후에 황우석 박사에 대한 재판에 있었다. 한 언론사가 재판의 결과에 대해 유죄를 무죄라고 잘못 보도한 것을 보고 필자가 그대로 받아 트위터에 뉴스로 올렸다. 잠시 후 우리 회사를 비롯해 다른 언론사의 보도를 보니 유죄! 무척 당혹스러웠다. 하늘이 노래졌다. 트위터에 올려놓았던 글을 내 기억으론 1분도 안 돼 삭제하고, 대신 유죄로 수정한 글을 올렸다.

휴우, 큰일 날 뻔했다면서 여유작작하고 있는데 오히려 상황은 바로 그때부터 비상국면에 접어들었다. 필자의 팔로어들이 그 짧은 순간에 이미 필자의 잘못된 글을 RT하기 시작해 순식간에 필자의 오보가 이리저리 전파됐다. 눈앞이 캄캄했다. 이 망신을 어찌하나….

제1보를 잘못 올린 언론사가 원망스럽기도 했다. 하지만 그걸 확인도 하지 않고 덜컥 받아써서 트위터에 올린 나 자신의 책임도 없지 않았다. 아까 보낸 트윗은 잘못된 것이니 다시 수정해 보낸다, 그리고 죄송하다는 내용의 트윗을 수도 없이 올려야 했다. 30여 분 정도 진땀을 빼니 어느 정도 수습이 됐다. 이만큼 RT가 무서운 것이다.

소식이 RT를 통해 빠르게 퍼져나간 국내 사례 하나와 해외 사례 하나를 소개한다. 2009년 10월 29일 오전에 서울 강남 역삼동에 있는 강남파이낸스센터 지하 1층에서 불이 났다. 이곳은 평소에 오가는 사람도 많고 입주업체도 많아 금세 큰 대피소동이 벌어졌다. 그런데 이 화재가 났다는 소식은 기존 언론이 아닌 한 트위터러에 의해 가장 먼저 신속하게 알려지고 널리 퍼져나갔다.

HenryGim이라는 아이디를 쓰는 트위터러는 자기도 대피하기 바쁜 상황에서 "강남 파이낸스 빌딩 화재 경보로 대피 중, 지하 2층에 화재"라는 짤막한 글을 올린 것을 시작으로 트위터를 통해 화재와 대피의 상황을 실시간으로 중계했다. 그러자 팔로어들이 연쇄적으로 그 소식을 전달했고, 그제야 기존 언론도 뒤늦게 화재가 일어난 사실을 알게 됐다. 이는 트위터가 갖고 있는 실시간 속보성의 위력이 확인된 경우다.

이런 일은 해외에서도 자주 일어난다. 많이 알려진 예이지만 다시 상기하자면, 2009년 1월에 미국에서 여객기가 허드슨 강에 비상착륙한 사실도 트위터러가 가장 먼저 사람들에게 알렸고, 그의 트윗이 RT를 통해 퍼져나간 덕분에 관계 당국이 신속하게 승객구조에 나설 수 있었다.

RT는 그 밖에도 여러 가지 중요한 소식이나 정보를 빠르게 전파하는 역할을 한다. 트위터에 수시로 올라오는 정보 가운데 수술중인 환자에게 특정한 혈액형이 급하게 필요하다는 소식도 있다. 이렇게 급한 소식이 트위터에 올라오면 유저들은 RT로 그 소식을 적극 전파시킨다. 문제가 해결됐다는 소식도 나중에 전해진다. 흐뭇한 순간이다.

트위터 유저들은 중요한 정보를 알려주는 트윗을 보게 되면 RT를 통해 다른 사람들과 그 정보를 공유한다. 필자의 경우에는 트위터에서 '미국의 서머타임 시작'과 같은 유용한 생활정보를 다른 사람이 올린 것을 보게 되면 그것을 곧바로 팔로어들에게 RT한다.

RT는 유용한 정보를 구하는 유저를 돕는 데도 크게 도움이 된다. 어린이날에 한 유저가 이런 트윗을 올렸다. "RT 요청. 어린이대공원 근처 맛집 추천해주세요. 애들이랑 저녁 맛이 있으면서 싸게 때울 수 있는 곳이요. 꼭요~~ㅎㅎ." 필자는 도와주고 싶은 마음에 그분의 글을 그대로 RT했고, 필자의 팔로어들도 그렇게 했다. 잠시 후 많은 분들이 어린이대공원 근처에 있는 냉면집, 오리고기집, 만두집 등을 소개했다. 그 유저는 짧은 시간에 필요한 정보를 많이 얻고 그 덕분에 가족과 즐거운 저녁시간을 즐겼을 것이다. RT가 그 가족의 행복에 조금은 기여한 셈이다.

RT는 어떤 사안에 대해 여론을 형성하는 기능도 한다. 예를 들면 2010년 3월에 발생한 천안함 침몰사건과 같은 사건이 일어나면 기존 언론이 그 사건을 속보로 보도하게 되는데, 그러면 사람들이 각자 자기 나름의 의견을 달아 그 속보를 RT한다. '자신의 의견+RT @(트위터 유저 아이디)+내용' 식으로 올리거나 'RT @(최초 트위터 유저 아이디)+자신의 의견' 식으로 처리하는 것이다. 이것을 받아본 다른 유저는 다시 그 자신의 의견을 덧붙여 RT한다.

남의 의견을 듣고 자신의 의견을 첨가하는 과정이 거듭되면서 여론이 만들어지는 것이다. 바로 여기서 RT의 위력이 생겨난다. 나비효과를 전형적으로 보여주는 과정이다.

지금까지 소개한 사례들에서 알 수 있듯이 RT는 트위터 유저가 유용하거나 괜찮다고 생각하는 정보나 글을 팔로어들에게 전달하는 수단이다. 그러므로 유저들은 RT를 통해 스팸을 퍼뜨리는 실수를 저지르지 않도록 나름대로의 기준을 가지고 새롭거나 중요하거나 유용한 정보만을 골라 팔로어들에게 배포한다. 별로 중요하지 않거나 진실이 아닌 트윗을 무턱대고 RT하는 유저가 있다면 그의 신뢰도는 땅에 떨어져버릴 것이다.

유용한 트윗을 자주 올리거나 RT하는 유저는 팔로어들의 RT를 통해 널리 알려지게 될 가능성이 있다. 이런 점을 감안해 일상적인 대화를 주고받는 데 그치지 말고 친구들에게 좋은 정보를 제공하기 위해 노력하는 것도 트위터를 즐기는 한 가지 방법이 된다.

RT를 통해 미묘한 심리적 상호작용이 일어나기도 한다. 어떤 사람의 글을 RT하는 행위는 그 사람에 대한 호감을 표시하는 것으로 해석될 수 있다. 그래서 RT는 친해지고 싶다는 의사표시이거나 자신을 팔로해주기를 바라는 마음을 간접적으로 전달하는 행위가 될 수 있다. 이런 점에서 RT는 일종의 '구애'다. 필자 자신의 경험을 돌아봐도, 필자가 올린 트윗을 누구인지 잘 모르는 유저가 RT해주면 그 유저에 대해 호감을 갖게 되어 자연스럽게 그 유저를 팔로하게 된 경우가 아주 많다.

3장

트위터로
무엇을 할 수 있나

초보자가 처음 트위터를 시작할 때 가장 먼저 느끼게 되는 어려움은 도대체 무슨 말을 해야 할지 감이 안 잡힌다는 데 있다.

트위터 공간에 들어가보면 온통 웅성웅성거리며 서로들 대화에 열중인데, 막상 자신은 어떻게 끼어들어 말을 걸고, 어쩌다 반응이 있다고 해도 말을 어떻게 이어가야 하는지를 알 수가 없는 것이다. 그러다가 '왕따'의 외로움에 지쳐서 아예 트위터를 접고 마는 초보자도 적지 않다. "에잇, 속았잖아! 재미있다더니 외롭기만 하네! 이런 걸 내가 다시 하면 손에 장을 지진다!"라며.

그러나 어차피 트위터 공간도 사람 사는 동네다. 트위터에 올라오는 글의 내용을 잘 들여다보면 내가 무슨 말을 어떻게 해야 하고, 친구를 사귀려면 어떻게 해야 하는지를 알 수 있다. 트위터에 올라오는 글의 형태 또는 내용을 종류별로 살펴보자.

독백

트위터에는 어떤 글이 올라오는가? 대화는 어떻게 이루어지는가? 먼저 저 혼자 말하는 독백형 트윗이 있다. 독백형 트윗의 예를 들어보자.

"아침 출근길에 올림픽대로에서 벚꽃을 만나다. 이젠 봄을 기다려 봐도 되겠지?"

"환절기로구나. 올 것이 왔다, 편도선염."

이렇게 짧은 독백도 있지만, 자기 의견을 되뇌거나 자신의 감정을 곱씹는 독백도 있다.

"안현수 선수가 외국으로 나갈 수도 있다는 뉴스를 봤다. 아무래도 외국에 귀화해서 선수생활을 하게 될 수도 있다는 거 같은데… 추성훈 선수도 우리나라 파벌 때문에(물론 그가 재일교포라는 것도 작용했지만) 일본으로 귀화한 걸로 아는데…있는 인재나 잘 지킵시다."

"신입사원 교육에서 이 점을 강조했습니다. 밖에서 기자로서 대접받는다고 우쭐해지는 순간 여러분의 커리어는 끝이다. 당신이 잘나서가 아니고 회사의 브랜드 때문에 대접받는 것이다. 항상 겸손해야 한다. 전문성을 길러 해당분야 전문가가 수긍하는 기사를 써야 한다."

이같은 독백은 정말로 자신의 생각을 허공에 던지듯 하고 마는 혼잣말일 뿐일까? 아니다. 다른 사람들의 반응에 아랑곳하지 않고 하는 혼잣말이 아니다. 내가 던지는 독백이지만 다른 사람들도 본다는 전제 아래 그렇게 하는 것이니 사실은 다른 사람들의 반응을 유도하는 일종의 '대화로의 초대장'이라고 할 수 있다. 다른 유저들이 보리라는 것을 알고 하는 독백이니 그것은 "나는 이렇게 생각하지만 당신의 생각은 어떤지 알고 싶으니 말을 좀 걸어 달라"는 손짓인 것이다.

위에서 든 예에서 "환절기로구나. 올 것이 왔다, 편도선염"이라는 트윗은 다른 유저들로부터 위로를 받고 싶거나 치료법에 관한 이야기를 듣고 싶다는 뜻을 은연중에 드러내고 있다. 독백이지만 대답을 기다리는 '대화형 독백'인 셈이다. 그러다가 누군가가 말을 걸어오면 '그러면 그렇지!' 하고 원했던 대화를 시작하는 것이다.

소설가 정이현 씨도 '독백이 대화가 되는 경이로움'이라는 칼럼(〈동아일보〉 2010년 5월 1일)에서 이와 유사한 생각을 밝혔다.

"매일은 아니지만 지금도 가끔 트위터에 글을 쓰곤 한다. '유난히 우울한 날이다' 따위의 지극히 개인적인 문장을 쓰면서 아무도 안 읽었으면 좋겠다고 생각한다. 그리고 동시에, 아무라도 읽어줬으면 좋겠다고 간절히 바라기도 한다. 그가 타인의 삶을 은밀히 훔쳐보러 온 사람이라도 좋다. 코멘트를 남기지 않아도 상관없다. 단 한 명만이라도 그 순간의 내 절실함을 목격해 준다면 그걸로 충분히 고마운 일이라는 사실을 나는 이제 알게 되었다. 찰나에 불과할지라도 타인의 체온과 닿았다는 기억만으로 우리는 또다시 살아갈 힘을 얻는 것이다."

트위터에 올리는 독백은 혼자서 허공에 내뱉는 말이 아니라 내 마음이나 생각을 알아줄 독자가 있음을 자기암시하면서 올리는 말이나 글이라는 얘기다. 형식은 독백이되 내용은 대화인 글, 얼마나 멋진가?

트위터 초보분에게는 독백보다 '말 걸기'를 더 자주 할 것을 권한다. 들어줄 사람도 많지 않은데 독백만 하다 보면 외로움에 빠져 트위터에 적응하지 못할 우려가 있기 때문이다. 독백은 어느 정도 친구들이 생겨 누군가는 자기가 하는 말에 반응을 보여줄 것이라는 기대를 가질 수 있을 때 하는 게 좋다. 실컷 독백을 올려가며 은근히 대화에 초대했는데 보는 사람이 적어 말을 건네주는 사람이 없다면 좀 열을 받게 된다.

필자가 올린 독백과 이에 대해 다른 유저가 말을 걸어와 대화가 진행된 사례를 하나 보여드리겠다.

필자의 독백 "아이들을 키우다 보니 제가 크면서 정말 부모님 속을 많이

썩여드렸구나 하고 절감하게 됩니다. 이 단순한 사실을 깨닫는 데 오랜 세
월이 걸렸군요."

다른 유저들의 반응 "지금도 사고치는 작은 놈을 보면서 저도 비슷한 생
각을 합니다.""아직 느끼지 못하는 사람도 있습니다. 아이들을 보면서 저
를 봅니다. 거울 같습니다. 그러나 어려서 일찍 홀로서기를 한 터라 그렇게
되는 때가 조금 늦게 올 것 같습니다. 빨리 정신 차려야 할 텐데…."

이런 식으로 어느 한 유저의 독백에 대해 다른 유저들이 반응을 보이면 독백
이 대화로 연결된다. 물론 필자도 다른 사람이 올린 독백을 보고 공감을 느끼게
되면 그 사람에게 대화를 건다.

허공에 던지는 독백의 트윗들이 수놓는 트위터 하늘. 둥둥 떠다니는 독백의
풍선들은 그걸 잡아주는 다른 트위터 주민의 손길에 끌려 잠시 하강했다가 리플
을 달고 다시 떠올라 다른 친구를 찾아 길을 떠난다. 그것은 독백이긴 하지만 애
당초 사람이 그리워 쏘아 올린 몸짓이다.

필자가 올리는 독백트윗 중에는 생각의 결과물을 공유하기 위해 올리는
글이 적지 않다. 살아가면서 다양한 상황에 부딪히다 보면 거기서 얻게 되는
작지만 귀한 깨달음이 있기 마련인데 그걸 트윗으로 올리는 것이다. 읽어줄 독
자들이 있다는 것을 전제로 쏘아 올리는 내 사색의 결과물들이다. 일부를 소개
한다.

"평균을 높이려 노력하는 게 삶인 줄 알았다. 다들 그러니까. 세월이란 보약은 삶은 분산과 편차를 줄이는 것임을 깨닫게 했다. 이랬다저랬다 하지 말고 기복을 줄이면서 일관된 모습을 보일 수 있다면 평균이 작아도 의미 있는 인생이 아닐까?"

"현대사회는 우리에게 너무 속도만을 보게 한다. slow down보다는 '빠르게 빠르게', 목표 조기달성, 속도전 등 모두 내가 먼저 앞서 가겠다는 경쟁의 흐름이다. 그런데 수시로 방향을 재점검해보는 여유를 가져야 할 거 같다. 속도를 늦추더라도 내가 가는 길이 맞는지 되짚어보고 궤도를 수정해가는 여유를!"

"독수리가 밑으로 내려가면 더 빨리 날아가는 까마귀들이 다가와 성가시게 군다. 그러면 독수리는 어떻게 할까? '귀찮은 녀석들!' 하며, 까마귀가 따라오지 못할 정도의 높이로 올라가버린다고 한다. 우리도 복잡한 현실에 부닥칠 때 끙끙대지만 말고 아예 생각을 더 높이 올려버리면 어떨까?"

"바닥에 내려가보지 않으면 정상이 무엇인지를 모른다. 비워보지 않으면, 다 내놓아보지 않으면 채워짐이 무엇인지를 모른다. 처절한 외로움을 모르면 함께함의 행복함을 모른다. 없이 되어보지 않으면 많아짐의 기쁨을 모른다."

"내 삶은 감성이 나이테가 되고 이성이 껍질이 되는 인생이었으면 좋겠습니다. 단단해 보이지만 조금만 파보면 포송포송한 감성의 속살이 있는 삶, 이성이 외부자극을 못 견뎌 벗겨지면 두터운 감성이 감당해가는 삶, 그런 나무 같은 삶이고 싶습니다."

"몸의 나이테는 원이 늘어나면서 밖으로 굵어진다. 이는 몸의 본질상 내 것을 넓히려는 버릇 때문인데 속은 듬성듬성하다. 하지만 마음의 나이테는 안으로 촘촘하게 원이 생긴다. 단단해지고 촘촘해지면서 세상을 담을 소우주를 만든다. 내 맘도 이랬으면, 내 몸도 그런 맘 같았으면."

다른 트위터 친구들이 올린 독백도 소개해본다. 다들 혼자 하는 말이지만 나름대로 본인이 옳다고 생각하는 정보를 알려주거나 자신의 이야기를 함으로써 다른 사람을 대화에 초대하려는 마음이 거기서 엿보인다. '내가 이런 글을 올리니 반응 좀 보여달라'는 초대장인 것이다.

"고양이에 대해 잘 모르는 사람들은 고양이를 강아지 대하듯 대한다. 명령조로 이야기하거나, 뭘 던져주고 물어오길 기다리거나, 인형처럼 만져도 가만히 있어주길 바라거나. 고양이는 부탁을 들어주는 존재이긴 해도 명령에 복종하는 존재는 아니다."

"오늘은 성년의 날. 어느새 꽤나 세월이 지나버렸네요. 어른이 된다는 것이 무엇인지를 오늘 다시금 깨닫습니다. 어른은 환상이라는 걸. 평생 어른이 되기 위해 노력하지만 결국 죽을 때까지 어른이 될 수 없다는 걸. 어른←얼은←얼든←얼이 깃든 인간←혼이 든 사람."

"어머님께서 오셨습니다. 꽃을 너무 좋아하셔서 오늘은 난생 처음으로 화

분갈이를 하고 꽃을 심었더니 그 꽃에 애정이 생겼습니다. 내일은 꽃동산
과 일본정원 나들이를 가려고 합니다. 물론 꽃보다 아름다운 어머님 하고
요."

대화

트위터를 통한 대화는 일상생활에서 하는 대화와 크게 다를 바가 없다. "너 오늘 뭐 했니?", "점심에 무엇을 먹었니?" 같은 시시콜콜한 대화에서부터 정치문제, 경제문제, 사회문제를 놓고 다양한 토론이 오가기도 한다. 사람들이 여기저기서 웅성거리는 장터나 대형 파티장과 같다.

트위터를 통한 대화가 실제 생활에서 하는 대화와 가장 다른 점은 한꺼번에 많은 사람들과 대화를 나눌 수 있다는 점, 그리고 남들의 대화를 엿듣고 있다가 언제든 끼어들 수 있다는 점이다. 그야말로 입체적인 대화를 실시간으로 나눌 수 있다. 이게 바로 트위터가 주는 짜릿한 묘미다. 여기저기에 나와 뜻이 맞는 사람들이 있고, 그들과 동시다발적으로 입체적 대화를 나눌 수 있다. 이 얼마나 역동적이고 재미있는 일인가?

트위터는 공동체적 성격이 강한 만큼 거기에는 위로와 격려 등의 뜻이 담긴 감성적인 대화도 흐른다. 나 자신의 견디기 힘든 감정이나 상황에 관한 글을 올리면 많은 친구들이 다가와 토닥거려준다. 사례 하나를 들어보자.

언젠가 유저 한 명이 회사에서 속상한 일이 있었던지 "나 내일 회사 그만둘 래요"라는 트윗을 올렸다. 그러자 다른 유저들이 "무슨 일 때문에 그러느냐", "이직은 충동적으로 할 일이 아니다"라는 등의 말로 반응해주면서 그 유저와 대화를 나누었고, "어디 가나 회사생활은 다 그렇다"라며 위로와 격려도 아끼지 않았다.

이직 의사를 독백처럼 밝혔던 유저는 결국 오프라인으로 나가기 전에 "직장생활 계속 열심히 할 게요"라고 처음과는 완전히 정반대로 바뀐 태도를 보여주었다. 트위터 친구들의 위로성 카운슬링 덕분에 그 유저가 마음을 가라앉히고 현실을 직시한 합리적 결정을 내리게 된 것이다.

그런가 하면 어떤 유저는 장기이식을 위한 중대한 수술을 앞둔 상황에서부터 수술과 그 뒤의 치료과정에 이르기까지 자신의 상태와 심정을 글로 써서 올렸고, 그러는 동안에 그 유저와 친한 친구들이 같이 걱정을 해주고 위로와 격려를 해주었다. 그 유저는 수술을 받기 전과 그 뒤의 회복단계에서 여러 친구들이 함께 하고 있다는 생각에 든든한 마음이 들었을 것이다. 불안감도 덜해졌을 테고….

여러 사람과 동시에 같이 대화하는 것도 가능하다. 여러 사람이 같이 인사를 주고받거나 동일한 사안에 대해 관심을 가진 사람들끼리 이야기를 주고받는 것이다. 이렇게 하고 싶으면 '@+아이디'를 죽 나열하면 된다. 그러면 나열된 아이디를 쓰는 사람들에게 글이 전달된다. 물론 이 경우에도 글이 140자 이내여야 한다는 원칙은 그대로 적용된다.

필자의 경험 중에서 한 가지 사례를 소개한다. 어린이날에 세 분과 함께 서로 인사를 나누고 대화를 나눈 경우다. 필자가 먼저 인사를 건넸다.

"@peacehee @organicpowers @leeah777 어린이 세분?? ㅎㅎ 동심으로 돌아가면 어린이입니다. 순수한 맘 가득 채워 오늘 하루만이라도 어린이 됨을 즐기는 시간 되시길…."

그러자 세 분이 잇달아 응답을 해왔다.

"peacehee @organicpowers @nschoi03 @leeah777 어린이날을 맞아 빈곤지역 아이들을 위해 거리모금 하러 가는 중이에요. 오늘은 연신내 물빛공원에서 해요. 좋은 하루 되세요."

leeah777 @peacehee 좋은 일 하시네요… @organicpowers 머 하면서 만끽하시는지? … @nschoi03 그래도 '응애' 는 넘 하심… 집에 어린이들이 없으니 우리가 어린이 되는 날… ㅋ, 행복한 휴일 되시길…."

"organicpowers @leeah777 언니, 저 스튜디오에서 책 보며 커피 마셔요~… @peacehee 경희 언니는 천사일 하시는 중."

필자는 트위터에서 대화를 하다가 기분 좋게 깜짝 놀란 일도 있다. 석가탄신일 전날인 2010년 5월 20일에 밤 10시가 다 되어 차를 몰고 여의도 사무실에서 나와 서초동 집으로 향했다. 늦은 퇴근시간이었지만 사흘간의 연휴를 앞두고 지방으로 가는 분들이 많은지 도로는 극심한 정체 그 자체였다.

여의도에서 올림픽도로 타기를 포기하고 노들길로 접어들었지만 상황은 마찬가지. 겨우 중앙대 앞을 통과해 동작묘지 앞 삼거리에 도착했다. 차량이 정체되어 멈춘 틈을 타 정체의 현장을 아이폰으로 촬영하고 그 사진을 곁들여 트윗을 올렸다.

"이 시각 동작묘지 앞. 이렇게 다들 나오셔서 서로 괴롭히는 중입니다."

그랬더니 @Promoslife라는 아이디를 쓰는 유저가 답을 해왔다.

"오오, 저랑 지나치신 듯. 저 막 현충원 앞 통과했어요."

반대편 차선으로 트위터 친구가 통과했다는 말만으로도 신기해서

"정말요? 이거 대단한 인연인데요. 도로 위 트위터 친구 만남" 하니

두 사람의 대화를 지켜보던 @Richboybook 님이 들어오셨다.

"그만큼 트위테리언이 많아졌다는 방증이 아닐는지."

사실 여기까지만 해도 참으로 신기하고 즐거운 대화였다. 차가 너무 밀려 트윗을 올렸는데 맞은편 차선에 있던 트위터 친구가 발을 받아준 것이니.

그런데 잠시 뒤 @Promoslife 님이 이런 글을 보내왔다.

"으악!!!!!!!!! 사진 확대해보니 맞은편 왼쪽에 있는 게 제 차예요!!!!!!! 이럴 수가!!! 이럴 수가!!!! ㅋㅋㅋㅋ"

놀라운 마음에 나도 답글을 올렸다.

"놀랍네요. 같은 시간에 서로 맞은편 차선에 있으면서 트위터로 대화. 제가 찍은 사진에 Promoslife 차가 있고. ㅎㅎ 우연의 일치 치곤."

내가 찍은 사진 속의 맞은편 차가 나와 트윗을 주고받은 그분의 차였던 것이다. 바로 옆에서 서로가 거기에 있는 것도 모르는 채 밀리는 도로 위의 고달픔을

달래기 위한 대화를 하고 있었던 것이다. 참으로 신기하고 놀랍고 즐거운 일이었다.

트위터를 하는 유저가 그만큼 늘어난 덕분이었겠지만, 어쨌든 트위터가 가져다준 '즐거운 우연'이었다. 트위터 유저는 계속 더 많아질 테니 어디서든 '착하게 살아야겠다'는 생각을 하게 됐다. 트위터 친구가 몇 명만 거치면 오프라인에서 아는 사이일 수도 있지 않겠는가?

트위터로 하는 대화를 어느 한 사람과만 오랜 시간 계속하는 것은 바람직하지 않다. 자기가 올리는 글을 구독하는 다른 유저들이 그 대화를 계속 지켜봐야 하는 것 자체가 그들에게 불편을 초래할 수 있기 때문이다. 어느 한 사람과의 대화가 길어질 것 같으면 둘이서만 DM을 통해 남들에게는 보이지 않는 대화를 나누면 된다.

트위터를 하면서 유쾌하지 못한 고민을 하게 될 때가 있다. 다른 유저가 내 마음을 상하게 하는 내용으로 대화를 걸어온 경우와 다른 유저가 나한테 말을 걸어온 것은 아니지만 그가 올리는 글에 불쾌하거나 황당한 내용이 들어있는 경우에 그렇다. 이런 경우에는 '이 세상에 깨끗한 물만 있을 수는 없다'고 생각하고 넘어가면 된다. 하지만 그런 말들이 트윗의 공해처럼 느껴지고 트윗을 하는 즐거움을 앗아가면 뭔가 대책이 필요하다.

트위터는 철저히 즐거워야 한다는 게 필자의 입장이다. 이런 입장을 지키는 데 과도하게 부담이 되는 유저를 만나게 되면 필자는 언팔이나 블록을 하는 방식으로 '자위조치'를 취한다. 해당 유저의 글을 구독하지 않겠다는 의사표시가 언팔이다. 이 정도에 그치지 않고 더 나아가 그 유저가 내 글을 볼 수 없게 하고 앞으로도 서로 팔로할 기회도 차단하겠다면 블록을 걸면 된다. 블록은 강도 높은 응징조치다.

다만 반론을 주고받는 건전한 토론은 즐기는 태도를 갖는 것이 바람직하므로 정도가 지나친 경우에만 제한적으로 언팔이나 블록 조치를 취하는 게 좋겠다.

트위터를 하다 보면 아파트 한 동을 보는 것 같다. 한 동 전체를 공유하면서도 나름 제각각의 공간에서 제각각의 화제를 가지고 웃고, 재잘대고, 심각해 하고…. 삶의 축소판이 펼쳐진다. 벽과 바닥에 투명한 부분이 있고 다른 집에서 하는 이야기를 엿들을 수 있는 트위터 아파트를 만들어봄이 어떨까?

토론과 여론형성

트위터는 관심이 있는 이슈를 놓고 때로는 차분하게, 때로는 격렬하게 토론이 오가는 장이다. 실시간으로 대두되는 정치, 경제, 사회 등 다양한 분야의 이슈를 놓고 서로 공감하거나 반대하며 의견을 주고받는다. 그러면서 여론이 형성되어 간다.

청와대, 정부부처와 같은 기관과 기업들이 속속 트위터 세계에 들어오는 것도 대두되는 이슈를 일찌감치 파악해 조기에 적극적으로 입장을 밝히고 토론에 끼어들어 여론형성 과정에 참여하고자 하는 것일 게다.

대체로 건전한 분위기에서 갑론을박이 오가기는 하지만 트위터의 세계도 사이버 세계 전반의 단점을 지니고 있다. 표현이 지나쳐 서로 감정에 상처를 주는 공방이 오가기도 하고, 한바탕 소동이 일어나기도 한다.

하지만 트위터에는 분명히 자율적인 자정기능이 있다. 유저들이 대부분 자기의 이름, 신분, 얼굴을 밝히고 있다. 유저들은 건전한 시민의식을 가진 분들이기 때문에 눈살을 찌푸리게 하는 행위를 하면 트위터의 세계에서 지지를 받지 못한다. 트위터에도 여론이라는 게 분명히 존재한다. 그리고 그 여론이 분위기를 흐리는 한 마리의 미꾸라지가 저지르는 일탈행위에 제약을 가한다.

필자가 트위터를 통해 시도해본 생산적 토론의 현장으로 안내한다. 필자는 컴퓨터 게임이 어린 학생들의 정신을 온통 앗아가는 현실에 화가 나서 이 문제에 대한 토론을 유도할 심산으로 이런 글을 올렸다.

"게임산업, 어떻게 생각하세요? 아이들의 영혼을 망쳐놓는 걸 보면 화가 납니다. 절제, 자제가 중요하다고 하는데 아이들은 그렇지 못 하잖아요? PC방 가보세요? 게임에 영혼을 빼앗긴 아이들의 현주소. 백해무익하다고 생각합니다."

이후 많은 분들이 찬성 또는 반대의 입장에서 다양한 의견을 올리면서 토론이 이어졌다. 아이디를 빼고 유저들의 반응을 소개하면 다음과 같다. 먼저 공감하는 의견.

"게임에 중독되어있는 남성분들을 보면 '이 사람과 결혼하면 내 아이도 저렇게 되겠지' 라는 생각에 멈칫하게 되더라구요. 어른들마저 절제가 힘든 게임에 아이들이 노출되는 것, 백해무익 의견에 공감."

"어른들의 돈벌이를 위해 아이들의 정신과 삶이 피해를 보고 있다는 생각이 자꾸 듭니다. 아이들에게 잘 설명해주어도 중독 수준의 아이들의 경우는 집에서 제재하지 않는 이상 그들을 타이르기에 어려움을 느낄 때가 많습니다."

"청소년의 게임접속 시간에 대한 정부의 규제에 대해 과도한 규제라며 반대하는 이들을 보면 사람은 자신의 이익 앞에서 약해진다는 걸 새삼 느끼게 됩니다. 자기 아이를 생각한다면 그들이 그렇게 말할 수 있을까요?"

한 유저는 자신의 경험을 소개하며 게임의 유해성을 고발했다. 참 솔직한 의견이었다.

"게임이라면 자책감이 많이 듭니다. 20대 방황의 시절에 게임으로 시름을 달래곤 했는데…. 저를 위로하려던 많은 친구나 선배들이 게임이 빠졌죠. 저는 얼마 후 탈출했지만 그분들 중 일부는 아직도 폐인. 반성합니다."

게임을 일방적으로 비판하는 것에 반대하며 '어른의 책임'과 '게임에 대한 잘못된 시각'을 따지는 의견도 나왔다.

"너무 비약적인 논리로만 생각하시는 듯. 저도 어렸을 때부터 컴퓨터 게임을 즐겨왔지만, 현재 어린 아이들의 게임중독 문제에 대해서는 게임을 만든 사람보다 부모의 책임이 더 큽니다. 게임을 만든 사람에게 일방적으로 책임을 묻는 건 핑계죠."

"꼭 게임을 그렇게 보는 건 옳지 않다고 봅니다. 게임의 특정 장르가 문제인 거지 모든 게임을 다 그렇게 보는 건 잘못이라고 생각합니다."

"게임을 단지 취미로만 건전하게 이용하는 학생들이 있다는 것도 알아주셨으면 좋겠네요."

찬반의 중간 입장에서 놀 거리가 없는 잘못된 현실을 지적하고 대안을 제시하는 의견도 많이 나왔다.

"게임은 어쩌면 백해무익하죠. 하지만 한국의 현주소를 보면 아이들에게 마땅한 놀 거리가 없습니다. 또한 부모들의 의식구조 역시 잘못되어 있죠. 공부

해라, 착하게 자라라, 건강하게 자라라를 외치면서 아이들의 거울인 부모들 자신은 그렇지 않거든요."

"저 역시 게임을 좋아하는 성인이지만, 제 조카나 아이들에게 악영향을 끼칠 만한 게임은 철저히 구분해 접근을 차단하고 있습니다. 가장 좋은 답은 아이들에게 적당한 놀이거리를 찾아서 같이 놀아주는 겁니다."

"게임의 중독성은 인정합니다만, 아이들의 입장에서 본다면 게임 대신 몰두할 건강한 취미거리가 별로 없습니다. 중학생인 저희 애가 게임에 빠지지 않도록 자전거, 소설 등을 맘껏 즐기게 해줍니다만, 시간과 노력이 많이 필요하더군요."

이날 트위터 토론에는 한 고등학생도 참여했다. 어른들의 의견도 들을 만했지만, 안타까운 교육현실에 대한 그 고등학생의 고발이 가장 필자의 마음에 와 닿았다. 그 고등학생은 왜 학생들이 게임에 빠질 수밖에 없는지를 이야기했다. 그러면서 필자로 하여금 부모로서의 책임을 무겁게 느끼게 했다. 의견의 개진도 매우 논리적이었다.

"게임산업에 대해 의견을 말하기 전에 일단 대한민국의 교육현실이나 관련된 여러 가지 사항을 철저히 따져봐야 할 듯합니다. 저는 지금 수험생이라 압박을 많이 느끼고 있습니다. 대학입시의 압박이 게임중독을 만들겠지요. 일본이나 미국, 유럽 같이 10대 나름의 취미와 문화(대중매체에 의해 조작된 대중문화가 아닌 순수한 청소년 문화)가 생겨나려면 일단 학교—학원—집이라는 '죽음의 트라이앵글'이 깨져야 합니다. 이 죽음의 트라이앵글을 깨지 못하면 자식들이 게임중독이 되는 것을 막을 수 없을 겁니다. 저도 정말 엄청난 고통을 겪으면서 게임중독에서 벗어났거든요(이제는 아예 게임을 안 합니다). 죽음의 트라이앵글을 깨는 일은 전적으로 부모들의 몫입니다."

이것은 트위터가 토론의 공간으로서도 생산적이고 효율적일 수 있음을 보여준 사례라고 필자는 생각한다. 게임의 중독성이 어느 정도인지, 자녀에게 적절한 놀이거리를 제공할 책임이 부모에게 있는지를 포함한 중요한 쟁점들이 트위터 토론을 통해 다뤄졌다. 한때 게임에 중독됐다가 빠져나온 경험이 있는 유저의 솔직한 고백은 토론을 더욱 생동감 있게 만들었다. 고등학생도 학생들이 게임중독에 빠질 수밖에 없게 만드는 교육현실을 당당하게 고발했다.

이보다 더 생산적인 토론이 어디에서 이뤄질 수 있겠는가? 게다가 다양한 경험과 의견을 가진 사람들이 사이버 공간에서 만나 짧은 시간에 건설적인 의견을 다양하게 나눌 수 있었다. 오프라인에서 이런 토론이 실현되게 하려면 장소를 마련하는 일부터 토론을 진행하는 일까지 많은 노력이 필요할 것이다. 이에 비하면 트위터 공간에서의 토론은 얼마나 효율적인가? 게임에 대한 위와 같은 트위터 토론은 필자에게도 문제를 정확히 인식하고 유익한 의견을 들을 수 있는 기회였고, 오래 기억에 남을 경험이었다.

트위터를 통해 이루어지는 토론에 참여할 때 지켜야 할 에티켓은 오프라인에서 이루어지는 토론에 참여할 때 지켜야 할 에티켓과 거의 비슷하다. 서로 격조 있는 언어를 사용해야 하고, 상대방의 말을 경청해주는 오픈 마인드가 필수적이다.

사이버 공간에서 이루어지는 토론이라고 해서 상대방이 한 말을 앞뒤로 잘라내고 과도하게 비판하거나 비난하면서 냉소적인 태도를 취하는 분들이 가끔 눈이 띄는데, 그런 태도는 바람직하지 않다. 트위터 공간도 하나의 사회다. 그와 같은 부적절한 행위가 되풀이되면 그런 행위를 한 사람은 평판이 나빠져서 다른 유저들에게 기피의 대상이 되는 불이익을 받게 된다.

정보공유

트위터에서 가장 많이 유통되는 정보는 속보다. 앞에서 RT에 대해 설명하는 대목에서도 언급했지만 화재나 항공기 추락 같은 사건사고가 발생했을 때 현장에 있는 트위터 유저가 올린 속보는 기존 미디어의 보도나 관계당국의 발표보다 훨씬 빠르다. 말 그대로 실시간으로 각종의 소식을 전달하는 새로운 뉴스 소스로서의 역할을 하고 있는 것이다.

또 트위터 유저들은 기존 미디어들이 속보로 전하는 소식이나 다른 유저들이 관심을 가질 만한 소식을 수시로 트위터에 올린다. 가만히 앉아서 트위터만 들여다보고 있어도 중요한 뉴스는 거의 다 따라갈 수 있을 정도다. "신문이나 포털의 뉴스를 보지 않고 트위터만 봐도 뉴스를 파악하기에 충분하다"고 말하는 유저들이 적지 않다. 많은 분들이 여기저기서 뉴스를 올리고 있으니 그것이 틀린 말은 아니다.

특히 〈월스트리트 저널〉이나 〈파이낸셜타임스〉와 같은 외신매체들은 속보

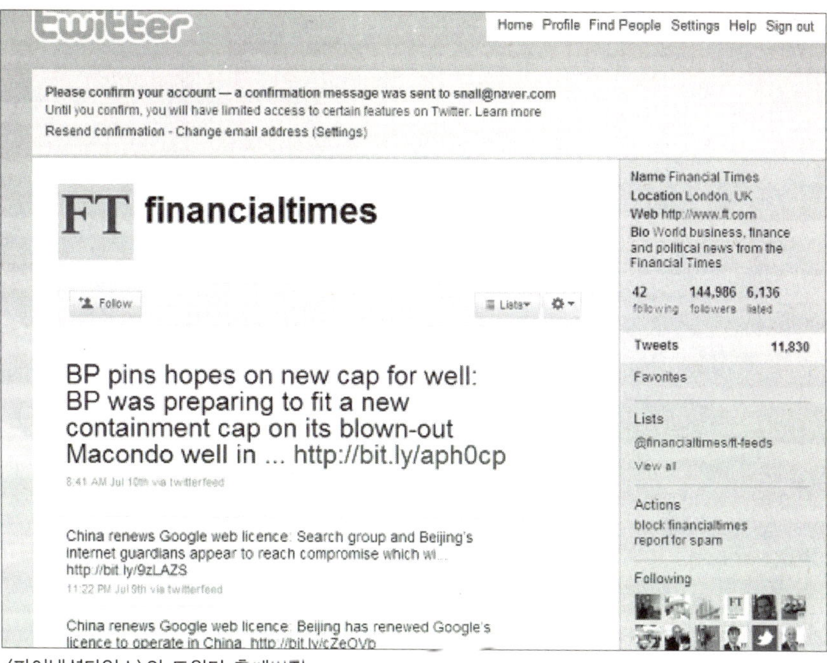

〈파이낸셜타임스〉의 트위터 홈페이지

를 자사 홈페이지에 올리기 전에 트위터에 먼저 올리는 경우가 적지 않다. 따라서 이런 매체들의 트위터만 잘 보고 있으면 세계경제의 흐름도 그때그때 한눈에 파악할 수 있다.

트위터는 뉴스 말고 자신이 필요로 하는 정보를 얻을 수 있는 소스로도 이용할 수 있다. 모르는 게 있으면 트위터 친구들에게 질문해봐라. 답이 아주 짧은 시간 안에 주어진다.

　예를 들어 필자는 어느 날 '아래아 한글'을 이용해 글을 쓰던 중에 그동안 내가 쓴 글의 분량이 200자 원고지로 몇 매나 되는지가 궁금했다. 필자는 '기계치'를 벗어나지 못했기에 '아래아 한글'에서 그런 분량을 확인하는 방법을 알지 못했다.

　필자는 트위터에 질문을 올렸다. "아래아 한글로 글을 쓰고 있는데, 원고지 매수로 분량을 확인하는 방법 좀 알려주세요!" 결과는 놀라웠다. 1~2분 만에 다섯 분이 "좌측 상단 '파일' 클릭→'문서정보' 클릭→'문서통계' 클릭→원고지로 가면 알 수 있다"고 답을 주었다. 나 혼자서는 밤새 끙끙거렸을 일을 트위터 친구들의 도움으로 순식간에 해결해버린 것이다.

　이뿐만이 아니다. 영화를 모처럼 하나 괜찮은 걸 봐야겠는데 그냥 아무거나 볼 수는 없지 않은가? 이럴 경우에는 트위터 친구들에게 볼 만한 영화를 좀 추천해달라고 부탁해봐라! 많은 분들이 추천해줄 것이고 그 가운데서 가장 많은 추천을 받은 영화를 선택해서 본다면 실패할 확률이 최소화될 것이다.

　이런 경우도 있었다. 필자는 언젠가 회사에서 트위터를 켜놓고 눈으로만 흘끔흘끔 보면서 바쁘게 업무처리를 하던 중에 〈하버드 비즈니스 리뷰〉라는 학술지에 '소비자 자본주의'에 관한 논문이 게재됐다는 소식을 트위터에서 우연히 보게 됐다. 거기에는 논문이 게시된 사이트의 링크도 씌어 있었다. 관심이 있었지만 그때는 하던 일이 바빠 그것을 인쇄해놓지 못했다.

　며칠 뒤에 다시 그 논문을 보고 싶은 마음이 생겼지만 이미 지난 트윗을 찾는 것은 모래밭에서 바늘을 찾는 일과 같았다. 그래서 필자는 "'소비자 자본주의’에 관한 논문이 〈하버드 비즈니스 리뷰〉에 실렸다고 하는데 그 논문이 있는 사이트를 링크해서 보내주실 분이 혹시 있을까요?”라는 트윗을 올렸다. 그로부터 10분이 지나기도 전에 어떤 분이 논문이 게시된 사이트의 링크를 알려주는 트윗을 올려주었다. 이 얼마나 멋진 정보공유인가?

지금까지 필자는 정보를 받은 사례만 이야기했다. 하지만 사실 트위터는 남들로부터 받으려고만 하기보다 내가 먼저 남들에게 많이 주려고 하는 자세로 하는 것이 바람직하다. 그러다 보면 덕이 쌓여서 받는 것은 저절로 이루어지게 된다.

한번은 한 트위터 친구분이 필자는 경제방송에서 일하니 당연히 알 것이라는 태도로 이런 질문을 해왔다. “혹시 티커 표시가 왜 상승이 빨강, 하락이 파랑인 줄 아세요?” 필자로서는 관습적으로 그런 것이려니 하고 생각했을 뿐 왜 그런 것인지 그 정확한 이유는 알지 못했다.

그 친구분에게 정확한 이유를 알려주고 싶기도 했지만 나도 좀 이 기회에 알아둬야겠다 싶어 직원에게 좀 알아보라고 부탁했다. 그 직원은 10분 정도가 지난 뒤에 이런 답을 가지고 왔다. “알아보니 우리는 일본을 따라 상승이 빨강이네요. 빨강은 따끈한 색, 파랑은 차가운 색이니 그런 것 같아요. 그런데 미국은 녹색이 상승이네요. 녹색이 심리적 안정감을 준다고 그런다나요.” 이는 나도 모르고 있었던 정보를 찾아서 나도 알게 되고 공유도 한 경우다.

필자는 몸담고 있는 머니투데이의 기자들이 취재해서 쓴 기사 가운데 트위터 유저들이 관심을 가질 만한 경제, IT, 국제, 연예 분야의 뉴스를 골라 매일 공개 트윗으로 올린다. 필자의 글을 구독하는 유저들에게 유용한 정보를 주고 싶기 때문이다. 필자의 팔로어들은 필자가 올리는 트윗을 구독하는 것만으로도 중요한 뉴스가 정리된 정보를 손쉽게 볼 수 있게 되는 것이다. 필자는 또한 외신에서 발견한 좋은 기사의 헤드라인과 링크를 트위터에 올리기도 하고, 볼 만한 경제 관련 논문을 포스트하기도 한다.

트위터에서는 필자뿐만 아니라 많은 유저들이 이와 같이 적극적으로 정보 공유 행위를 한다. 그래서 트위터는 유용한 정보를 많이 접할 수 있는 대규모 정보박스로 기능한다고도 볼 수 있는 것이다. 필자가 트위터를 통해 정보공유를 한 사례를 몇 가지 소개한다.

"〈월스트리트 저널〉의 'Picture of the Day' 한번 보세요. http://j.mp/d8OnDu."

"혹시 못 보신 분을 위해 RT @seri_org: 트위터에 대한 의미 있는 실증연구 결과가 논문으로 나왔네요. 제목은 '백만 팔로어의 오류'. 원문을 보실 분은 링크 참조. http://twitter.mpi-sws.org."

"미국의 페이스북 가입자 통계. 1억 1601만 명. 연령층 순위 1위 18~25세, 2위 26~34세. http://j.mp/cOb9J9."

트위터에서는 집단지성이 자주 발휘된다. 트위터가 집단지성으로 창의적인 아이디어를 만들어내기 위한 공간으로 만들어진 것은 아니다. 그러나 다양한 분야의 전문가들이 트위터 세계에 주민으로 거주하고 있기 때문에 어떤 이슈나 사안이 제기되면 그것에 관한 정확한 지식이 짧은 시간 안에 한데 모이게 되어 지식의 저수지와 같은 것이 형성된다. 그리고 그 덕분에 집단지성이 발휘되고 창의적인 아이디어도 나오게 되는 것이다.

이런 측면에서 필자가 트위터를 통해 경험한 소통의 사례를 소개한다. 어느 날 한 여성 유저가 아침인사를 하면서 '태산불사토양 고능성기대(泰山不辭土壤 故能成其大)'라는 한문구절을 올렸다. 필자는 처음 보는 것인데다가 그 뜻을 알기도 어려워 "우리말로 좀 풀어줄 수 없느냐"는 트윗을 올렸다. 이에 대한 답변으로 올라온 트윗을 순서대로 몇 개 소개한다.

"태산은 한 줌의 흙도 사양하지 않으므로 그 커다람을 이룰 수 있었고."

"태산이 흙을 사양하지 않았기에 크게 될 수 있었다, 이 정도."

"태산은 토양을 사양하지 않아서 그 거대함을 이룰 수 있었다, 뭐 대충 이 정도 뉘앙스인 듯합니다."

"'태산은 흙을 버리지 않기에 커다랗게 될 수 있었다' 입니다. 뒤에 이어지는 말은 '강과 바다는 작은 물줄기도 버리지 않기에…', 마지막 말은 '뛰어난 군주는 사람을 배척하지 않기에…'. 《사기》 이사열전에 나오는 말입니다."

"태산불사토양…, 하해불택세류…. / 태산은 한 줌 흙도 버리지 않아 저렇게 높이 솟았고, 바다는 한 줄기 강도 가리지 않아 저렇게 깊은 것이다."

짧은 시간에 그 한문구절의 뜻과 그 다음에 이어지는 구절의 내용이 무엇인지가 공유됐고, 그 한문구절이 《사기》에 나오는 것이라는 사실도 알게 됐다. 혼자서 끙끙대며 알아봤다면 얼마나 걸렸을까? 트위터를 통한 집단지성의 힘을 느끼게 해준 사례다.

또 한 가지 사례. 어버이날인 2010년 5월 8일 아침에 한 유저가 꽃 사진과 함께 이런 글을 올렸다.

"이 꽃은 무슨 꽃일까요? 일명 미스킴이랍니다."

다른 유저가 즉시 정답을 맞췄다.

"향이 너무 좋은 라일락··"

그 뒤로 라일락에 관한 정보가 트윗으로 속속 올라오며 쌓였다.

"일화가 있습니다. 라일락의 순 우리 이름은 수수꽃다리입니다. 6.25에 참전한 미국 병사가 이 꽃을 미국에 가져가면서 한국에서 자기가 사랑했던 여자의 성을 붙여 미스킴이라는 이름을 갖게 됐다네요."

"사진상으로는 미니종인지 아닌지 모르겠는데요. 미니종을 미스킴라일락이라고 부릅니다. 북한산 정향나무가 원종이라고 알고 있습니다."

"미군 병사가 아버지의 사업을 이어받아 원예업을 했는데, 품종개량을 했답니다. 보기에 큰 차이는 없어 보여요."

떼창 프로젝트

떼창 프로젝트는 집단지성이 아닌 집단합창의 사례다. 이것은 시간과 공간을 초월해 많은 사람들이 오직 온라인에서만 협업을 해서 합창곡을 만드는 것이다.

2009년 9월에 트위터에서 아주 새로운 시도가 제안됐다. @sungwookim이라는 아이디를 사용하는 유저가 〈기위의 꿈〉이라는 노래의 반주를 트위터에 올린 다음에 참여를 희망하는 사람들이 그 반주에 맞춰 부른 노래를 보내주면 그 모든 것을 가지고 합창을 제작해 공유하겠다는 것이었다. 합창을 하는 사람들이 한 자리에 모이지 않고 각자가 있는 위치에서 노래를 녹음해 보내면 거기에 곡을 입혀 합창을 한 것 같이 편집하겠다는 멋진 제안이었다. 이것이 이른바 '떼창 프로젝트'의 시작이었다.

21명의 유저들이 각자 자기 방이나 노래방, 또는 화장실에서 노래를 부르면서 녹음하고 그 파일을 믹싱을 맡기로 한 유저 @seoulrain에게 보냈다. 국내 각 지역의 유저들은 물론이고 미국, 영국, 호주 등 해외의 유저들도 참여했다. 감성이 물씬 풍기는 한국 트위터 유저들의 첫 온라인 합창 〈거위의 꿈〉은 이런 과정을 거쳐 세상에 모습을 드러냈고, 많은 유저들이 이 참신한 시도에 열광했다. 이 프로젝트에서 믹싱 작업을 맡은 @seoulrain은 당시의 작업을 이렇게 회상한다.

"믹싱 작업에서 목소리가 예쁜 사람의 노래를 살리는 것도 생각했지만 결국은 박자가 틀리는 사람, 화음이 안 맞는 사람의 노래도 지우지 않고 소중하게 한데 모아 모두가 함께 노래하는 소리를 만들어냈다. 예쁜 목소리의 노래만이 좋은 노래는 아니며, 가수가 아니라도 모두가 함께 노래를 부르면 행복해진다는 걸 깨닫게 해준 사람들에게 고마운 마음을 전한다."

이 합창작업에 참여한 아이디 @eco80의 유저는 소감을 이렇게 밝혔다.

"약간 어설프고 불협화음을 내는 것 같기도 했지만 노래를 부르면서 듣기도 하는 동안 내내 행복했고, 마음속 깊은 곳에 숨겨두었던 꿈을 다시 한 번 되새길 수 있어서 좋았다. 두고두고 간직하면서 가끔씩 꺼내어 들어보고 싶을 만큼!"

청중의 호응도 뜨거웠다. 필자도 이 노래를 들으면서 큰 감동을 느꼈다. 많은 사람들이 한 마음이 되어 각자 자신의 목소리로 부른 노래를 보내고 시간을 들여 그 모든 노래를 편집해서 '트위터 합창'으로 만들어낸 감동적인 협업! 트위터가 아니면 볼 수 없었을 장면, 들을 수 없었을 노래다.

이 프로젝트에 참여하지는 않았지만 트위터 합창을 듣고 감동한 유저 @hiconcep은 극찬을 아끼지 않았다.

"아. 정말 감격스럽네요. 우리나라 트위터 사용자들의 저력을 보는 것 같습니다. 단 며칠 만에 이렇게 대단한 크라우드소싱(crowdsourcing) 프로젝트를 해

내다니요. … 저는 참가하지 못해 안타깝습니다만, 프로젝트를 주도하신 @sungwookim과 @seoulrain님 이하 수많은 한국 트위터러 분들이 자랑스럽습니다. … 세상이 바뀌는 신호탄으로 보인다고 말하면 과장일까요?"

감동의 떼창 프로젝트는 이후 2탄, 3탄, 4탄으로 이어졌다. 떼창 작품은 http://www.seoulrain.net/1482에 가면 들을 수 있다.

긴급상황 대처

화재와 같은 재난이나 긴급한 질병이 발생한 상황에서는 트위터가 그러한 상황에 관한 정보를 빨리 전파하고 대처방법을 찾아내는 데 이용되면서 공적 인프라로서의 기능을 수행하기도 한다. 가입자가 많아지면 많아질수록 트위터의 이런 역할은 더욱 커질 것으로 생각된다.

필자가 트위터를 이용하게 된 뒤로 트위터가 그와 같은 역할을 한 사례를 국내에서만 꼽아도 결코 적지 않다. 예를 들어 앞에서 소개한 바 있지만 강남 파이낸스센터에서 화재가 발생했을 때 트위터 유저가 도피하면서도 시시각각 화재 현장의 상황을 사진과 함께 트위터로 전한 일이 있었고, 환자를 수술하는 데 필요한 특정 유형의 혈액이 부족하자 트위터를 통해 도움을 요청해 문제가 해결된 일이 있었다. 또한 연로하신 어르신이 밖에 나갔다가 안 돌아 오신다면서 인상착의에 대한 설명을 하며 보신 분은 연락을 해달라는 트윗이 올라온 적도 있고, 어떤 분이 길가에 잘못 버려 놓은 신용카드의 사진과 함께 주인을 찾는다는 트윗이 올라온 적도 있다.

　이런 트윗을 올리는 유저는 대체로 다른 유저들에게 RT를 통해 그것을 전파해주기를 요청한다. 필자를 포함한 다른 유저들은 이런 요구에 적극 응한다. 그렇기에 트위터를 통해 긴급한 정보가 급속도로 퍼지는 것이고, 그러다 보면 도울 수 있는 입장이나 위치에 있는 유저에게 그 정보가 전달될 확률이 높아지는 것이다. 도움을 요청하는 긴급한 정보를 RT하고 나면 좋은 일에 동참했다는 생각에 뿌듯함을 느낄 수 있다.

　해외에서 일어난 유사한 사례를 들어보자. 2010년 4월에 아이슬란드에서 일어난 화산폭발로 인해 화산재가 하늘을 뒤덮어 소동이 빚어졌을 때 트위터가 중요한 역할을 해냈다. 당시 유럽 전역에 걸쳐 항공편이 결항되는 항공대란이 일어나 일주일이나 계속됐다. 상황이 그렇게 되니 항공편을 예약했던 사람들이 자동차나 배 같은 대체 교통수단을 찾느라 난리가 났고, 호텔이나 홈스테이 같은 묵을 곳을 찾느라고 여간 애를 먹은 것이 아니다. 그때 트위터가 위력을 발휘했다.

　아이슬란드에서 대규모 화산폭발이 일어난 다음날인 2010년 4월 15일. 항공사들의 콜센터는 전화불통 상태가 되고 항공사들의 웹사이트는 결항 사실을 비롯한 운항정보가 업데이트되지 않아 승객들이 정확한 정보를 얻지 못한 채 발만 동동 굴러야 했다.

　이때 아일랜드에 사는 파거노라는 유저가 트위터를 통해 상황을 알리기 시작했고, 여행객들이 그것을 보기 시작했다. 이후 루프트한자, KLM, 에어 볼틱,

브리티시 에어웨이스 같은 항공사들이 결항 상황을 트위터를 통해 알리고 대고객 서비스를 제공하기 시작했다. 일주일 동안 5만 5천 개의 멘션이 올라왔다. 이에 따라 콜센터의 업무부담도 크게 줄었다고 한다. 유로컨트롤(유럽항공안전기구)도 트위터와 페이스북을 통해 화산재가 어디에서 시작돼 어디로 가는지를 지도로 표시해주고 계속 업데이트해주어 여행객들에게 유용한 정보를 제공했다.

여행객들은 유로컨트롤이 알려주는 정보를 RT를 통해 공유했다. 자동차를 구해 목적지로 이동하다가 길을 잃게 된 여행객들은 그런 자신들의 상황을 트위터에 올렸다. 그러면 인근에 사는 주민들이 그것을 트위터에서 보고 그런 여행객들에게 다른 교통편을 제공하거나 머물 곳과 식사를 제공하는 아름다운 광경이 펼쳐졌다.

당시에 우리나라의 기업과 유저들도 트위터를 통해 재난과 항공교통의 상황을 알리는 데 일조했다. 대한항공은 트위터를 통해 현지에서 발이 묶인 승객들과 소통하면서 그들에게 운항상황을 수시로 알렸고, 유럽노선의 항공편을 예약한 승객들에게 운항재개 여부나 예상일정에 관한 정보를 전파했다. 당시에 대한항공이 올린 트윗 가운데 일부를 소개한다.

4월 17일: 추가정보 KE933/4 비엔나―취리히 KE935/6 프라하 결항 확정.

4월 19일: 4월 20일 유럽지역 여객기 5편 전편(파리, 프랑크푸르트, 런던, 취리히, 상트페테르부르크) 결항되었습니다.

4월 20일: 오전 회의를 거쳐 운항에 영향을 미치지 않는 것으로 판단해 운항재개 결정하였습니다. 정말 희소식이지요.

4월 20일: [유럽지역 특별 임시 여객편 투입] 인천—프랑크푸르트(KE8905/6) 17:10 인천 출발, 인천—파리(KE8901/2) 16:00 인천 출발, B747—400 기종입니다.

유럽 현지에서 발만 동동 구르던 승객들이 트위터를 통해 국내 항공사와 접촉했고, 현지 상황을 국내에 알렸다. projecty라는 아이디를 쓰는 유저는 4월 15일 "[히드로공항] 현재시각 히드로공항은 폐쇄상태로, 출발하는 모든 비행기가 취소됐고 도착편 또한 회항 처리되고 있습니다. 현지시간 17시 15분 인천행 907편 또한 취소 처리되었습니다"라는 트윗을 올리는 등 수시로 현지 상황을 전해 마치 '특파원' 같은 역할을 훌륭히 해냈다.

아기공룡 둘리를 만드는 인청회사인 (주)둘리나라에 근무하는 유저(@doolydino)는 당시 유럽출장 중에 화산재로 인한 결항사태 때문에 5박 6일 동안 현지 공항에 발이 묶여 울며 겨자 먹기로 '공항노숙'을 해야 했던 경험을 '둘리나라 이 팀장의 5박 6일 암스테르담 공항 탈출기'라는 제목의 글로 써서 자신의 블로그(http://blog.naver.com/kimsj5000)에 올렸다. 이 글 가운데 일부를 소개한다.

〈조난 사흘째_4월 17일〉

트위터에서 흘러나오는 정보도 다양해졌다. 항공사인 KLM과 주요 외신의 트윗, 그리고 내가 참여한 행사인 MIPTV와 관련된 트윗을 구독했으며, 그 결과 대부분의 다른 행사참가자도 모두 유럽에 갇혀 있는 것을 알게 됐다. … 항공사와 외신에 귀를 기울이거나 행사참가자들의 트윗을 읽고 또 그들과 대화하면서 시간을 보냈다.

〈조난 닷새째_4월 19일〉

KLM 측은 트위터와 페이스북을 통해 상황을 설명하고 있다. 자기네들도 돈 벌기 위해서는 비행기를 띄우고 싶은데 유럽 항공당국이 위험한 것 같다며 막고 있단다. 자기네는 안전하다는 것을 보여주기 위해 어젯밤부터 10여 편의 테스트 비행을 했고, 그 결과를 항공당국에 알려줬다는 것이다. 그러니까 '우리에게 항의하지 말고 항공당국에 항의하라' 는 것이 주된 내용이었다. 그동안 내가 참 자주, 그러니까 한 시간에 10여 회 들락날락했던 KLM 사이트가 다운되었으나, KLM이 곧바로 트위터와 페이스북을 통해 같은 내용의 정보를 제공했다. … 정보와 물류가 차단된 상태에서 온라인을 통한 실시간 정보교류만이 살아있다는 느낌이다.

예기치 않은 재난으로 항공편이 장기 결항되어 여행객들이 막막한 처지가 된 상황에서 트위터가 항공사와 승객이, 그리고 승객과 승객이 서로 정보를 주고받는 소통창구로 떠오른 것이었다. 이것은 전에 없던 새로운 현상이었고, 대규모 재난이 일어났을 때 공적 구호체제가 하지 못하는 역할을 트위터가 얼마나 효과적으로 해낼 수 있는지를 보여주는 것이었다.

전화나 웹을 통한 구호 관련 정보의 전달은 비상시에는 한계가 있을 수밖에 없다. 트위터나 페이스북 같은 소셜미디어는 그러한 한계를 뛰어넘는다. 특히 와이파이망을 비롯한 각종 통신망이 곳곳에 깔려 있는 우리나라에서는 언제 어디서든 스마트폰 이용자들이 소셜미디어를 통해 재난과 관련된 정보를 전파하거나 재난으로 인해 어려운 상황에 처한 사람들의 연락을 받아 그들에게 도움을 줄 수 있다. 이는 곧 소셜미디어에 재난구호 인프라로 기능할 잠재력이 있다는 얘기다.

사색의 창

앞에서 이야기한 바 있는 독백의 한 줄기이지만 저자에게는 유난히 소중한 트위터 활동이 있다. 출근하다가, 회사 업무를 처리하다가, 멍하게 지내다가, 심야에 사색의 숲에 깊이 들어가 있다가, 책을 읽다가, 다른 사람과 대화하다가 내 머리를 스치는 생각이나 나름대로 얻게 된 깨달음을 트위터에 나만의 언어로 던져본다. 그러면 다른 트위터 친구들도 사색에서 건져낸 '생각의 한 토막'을 트윗으로 올린다.

　사람들이 대체로 감정적으로 차분해지고 다양한 사유를 하게 되는 밤 시간에는 이런 '사색의 창'들이 여기저기서 열려 트위터 공간이 '사색 백화점의 밤'을 이룬다. 농축된 사색의 결과물을 서로 공유하는 그 시간에는 트위터가 사람들로 하여금 삶을 더 깊게 성찰하고 심리적 카타르시스를 경험하게 해준다. 이런 점에서 트위터는 사람들로 하여금 더 맑은 마음과 정신으로 세상과 다른 사람들을 바라보게 만드는 '감정과 관점의 여과장치'가 돼준다.

다른 유저들에게도 그렇겠지만 필자에게는 특히 밤 시간과 트위터는 참으로 소중한 시간과 공간이다. 다양한 사색의 실타래를 트윗으로 풀어놓고 다른 사람들과 공유할 수 있다는 점이 더없이 좋다. 그동안 필자가 트위터에 글로 올렸던 생각의 흔적들을 일부 소개한다.

"살아가면서 '반드시', '꼭', '기필코' 의 정신보다 '에라 모르겠다', '케세라 세라' 의 정신도 필요한 것 같다. '에라 모르겠다' 가 있어야 '반드시' 도 힘을 받는 것 같다. '반드시' 만 있으면 '에라 모르겠다' 는 설 자리가 없어지고 삶도 피폐해진다."

"현실에선 논리와 이성으로 일한다. 그래서 '조직을 위해서는 뭐든지 희생한다' 는 조직중심주의적인 사고도 판을 치게 된다. 그러나 논리와 이성의 바탕에 인간을 향한 사랑이 없다면 그러한 사회는 '감정이 배제된 고등동물의 세계' 일 뿐이다. 논리를 위해 사랑을 버려야 한다면 나는 차라리 논리를 포기하고 싶다."

"눈길을 걸으며 이런 생각을 했다. 한때 과거를 지우개로 지우고 처음부터 다시 시작하고 싶다는 마음을 가진 적이 있다. 물론 과거를 지우개로 지우는 것보다는 지우개가 필요 없을 정도로 현재와 미래를 잘 살아가는 것이 더 중요하다. 그런데 현재가 저만치 뒤로 가면 다시 지우개 생각이 난다."

"바위가 물결에 부딪혀 여기저기 깎여 나갈 땐 아픔이 크겠지요. 그러나 시간이 흘러 깎인 상처가 아물고 거기에 물길이 생기면 거센 물살과 공생하는 단계로 들어서는 거겠지요. 인생도 이런 거 아닌지 모르겠습니다.”

“조직을 감성으로 지휘해야 할까? 이성과 규율로 지휘해야 할까? 규율로 지휘하면 다 따라오는 듯싶지만 자발성의 씨를 말려서 결국은 조직이 죽는다. 감성으로 지휘하면 일부 도덕적 해이가 있겠지만 다수는 신명나게 일하게 된다.”

“세상 사람들은 둘로 나뉜다. 뒤질세라 바쁘게 달려가는 무리. 놓친 게 없나 뒤돌아보며 속도를 늦춰보는 사람들. 어떤 인생을 살지는 선택의 문제지만 어떤 삶이 지혜로운지 그 답은 분명하다. 놓친 걸 다시 살펴보고 가는 방향이 맞는지 다시 생각해보는 성찰의 삶을 살자!”

“할 말 다 하고 미세한 것까지 놓치지 않으면서 긴 호흡으로 쓰는 ‘산문’과 같은 삶도 좋지만, 정제된 언어로 많은 것을 상징화하고 짧은 호흡으로 쓰는 ‘시’와 같은 삶도 살아볼 만할 것 같다. 산문과 시의 균형과 조화, 그것은 한번 가보고 싶은 길이다.”

“바닥까지 내려가 보고 걸러낸 낙관주의 외에는 뿌리를 깊게 내린 삶의 시선이 달리 있을 리 없다. 그러한 낙관주의는 심연을 봤기에 위로 솟아오르는 속도를 즐길 수 있고, 수면 위에서 빛날 태양에 대한 기대를 키울 수 있고, 다시 바닥으로 내려가게 되어도 두렵지 않은 것이다.”

다른 분들이 트윗으로 올린 글도 소개한다.

“인간이 죽은 뒤에 남기는 건 가죽 껍데기도, 돈 뭉치도 아닌 ‘이야기’다.

후세 사람들이 당신을 어떻게 기억하기를 바라는가? 악명보다는 무명이 낫다."

"역시 우리나라는 소프트웨어의 역사가 짧다는 것을 느낄 수 있다. 각종 프로그램 소스를 보면 자료구조가 엉망이다. 외국의 소스를 보면 자료구조가 예술인 것이 많다. 그런 자료구조 설계는 하루아침에 나오는 것이 아니다."

"'할 수 없다'고 생각한다면 그것이 맞다. '할 수 있다'고 생각한다면 그것도 역시 맞다. 당신이 생각하는 대로 일이 진행될 것이기 때문이다. 그러므로 나는 '할 수 있다'는 생각에 한 표를 던지는 하루를 만들어가고 싶다."

문학적 감성의 분출구

트위터는 필자에게 140자의 한계 안에서 아마추어 글쟁이로서 필자 자신이 갖게 된 감상을 시로 풀어내는 공간이 되어준다. 부끄럽기도 하고 조악한 시이긴 하지만, 필자 나름으로는 순간순간 가슴에 차오르는 시상을 140자 이내의 트윗으로 담아내고 있다. 트윗으로 올리는 시, 그것은 적어도 내겐 감성의 분출구 역할을 해준다.

트위터 1
풀섶 헤친 개울의 재잘거림,
손짓이 모여 몸짓으로,
그 길 발자욱 하나였지만
어느새 함께 손잡은 우리로 모여.
너 나 점으로 흩어졌지만

그 몸짓이 확 트인 뚫림이 되어,

열린 입 물꼬 트여

소통의 대해로, 트윗의 물줄기로.

트위터 2

트위터는 사랑방,

말이 모여 물결을 이룬다.

트위터는 우물가,

옹기종기 모인 자리,

우리네 삶 텃밭 되고.

트위터는 장터,

왁자지껄 재잘거림.

고독은 저만치.

트위터가 있어 세상이 풍성하다.

트위터가 있어 하늘이 높아진다.

기도

내닫기보다는 함께 걷기를,

무거운 표정보다는 가벼운 미소를,

미움보다는 애틋한 사랑을,

교만보다는 가녀린 겸손을,

노을보다는 찬란한 일출을,

축 처진 어깨보다는 활짝 편 가슴을,

그리하여 긴 삶으로 살게 하소서!

새해맞이

흐린 빛깔 하늘 아래

앙상한 가지로 뻗은 겨우나무 몸짓으로

세월을 바꿔간다.

구름에 가려 살포시 깃든 햇살의 군무,

새 세상 왔노라고 전율한다.

산등성 너머 흘려보낸 옛 마음,

이젠 계곡으로, 기슭으로.

그 떨림에 겨워

출산의 포효로 새날을 맞는다.

석양 유감

서성이는 물살에 살랑이는

안개의 군무.

가는 발 떼지 못해

울렁이는 아쉬움의 잔영으로,

부르다 부르다 지친 가녀린 손떨림으로

펴오르다 움츠러든 반쪽 기지개.

저무는 해 마주하지 못해 등지고 배웅하네.

떼지 못한 발걸음 조각배로 떠도네.

용서

끓는 화, 그 과녁은 타자이지만

결국은 내 심장을 스쳐 나를 아프게 함을,

내 영혼에 생채기를 냄을….

용서, 그것은 그대 향한 화해이지만

결국은 내 맘을 풀어

나를 살림을, 엉킨 맘을 방류함을….

깨우침은 뒤늦게 오고, 발자욱은 저만치 있네.

가고 또 간 길

길이라서

흘렀지요, 걸었지요.

풀섶 가른 개울,

뉘신지, 어느 뮌지 구르고 굴러.

춤사위 풀어 제친 구름도 물길에 젖어

그대 간 길에 먼지로 쌓여,

내 갈 길 적토로 남네.

상춘

봄은 바라봄이다,

가라앉은 물 틈새로

잠든 생명 벌떡 일어섬을.

봄은 보듬음이다,

갈라져 상처로 덧난 사랑을

한없이 포용하는.

봄은 살가움이다,

삭풍에 실려 보낸 너와 나 따로 됨이

우리로 비상함을 알게 해주는.

그리하여 봄은 속삭이는 희망,

재잘대는 훈풍이다.

내가 둘 되어

유영하는 시간 헤치며

내딛는 밤길.

선율이 물보라 일으켜

벅차게 만개하는 가슴.

물결에 실어 상념의 티끌들

저만치 보내지만,

마음은 연어 되어

지난 시간을, 서 있는 이 자릴 놓지 못 하네,

거스르는 몸부림 하네.

내가 둘 되어 떠도는 오늘도 그 밤.

봄눈

그대 오늘은 눈으로 오시네요.

연무 가득 채워 하늘 적시시더니

그 상념 무게 겨워 내게 오시네요.

눈꽃 그 손길 마주잡고

밝아오는 세상을 맞는 아침.

내 눈망울 띄워 운무 위에 올리나니,

겨울 한기 밀치고 눈이 비워낸 자릴

봄빛 그리움으로 채워봅니다.

별 쏟아지는 밤

성긴 밤별이 내리면

당신은 어느덧 바람 되어

문풍지 사이를 헤쳐 불어

봄내음 부르나니.

난 꽃씨 되어 당신 곁을 떠나

막막한 대지 위로 흩날리나니.

내 머물 곳 알 수 없어

휘청이며 서성이는 또 하룻밤.

별은 그렇게 쏟아지고,

나는 밤을 그렇게 하얗게 지새네.

기억

삶이란 그리 돌고 도는 것.

인연이 억겁이 되도록 흐르고 흘러

돌아본 그 길 끝이 없지만

걸어갈 그 길도 알 수가 없어.

오늘도 별을 보며 하늘을 울어

또렷한 기억마저 날려 보거늘,

별빛은 온데간데없고 어둠만 깔려

눈으로 길을 열어 걷는 오솔길.

이 밤도 쉼 없는 발길,

마음은 한없이 바빠만 지네.

저녁 단상

시간이 멈춘 순간.

낯설지만 한번 와본 듯

그 익숙함으로

기억 저편 실타래 풀어보지만

까마득한 숨결,

돌아오지 않을 메아리로 남아.

태워도 태워도

재가 되지 않을 그리움.

저어도 저어도 제자리

그 물살의 허튼 몸짓.

빛이 내리고 발길도 잠든다.

봄비

봄비는 새생명 마중물,

잠든 대지 깨우는 하늘선물,

소곤소곤 귓전 적시며 보내온

땅, 꽃, 바람의 초대장.

세월에 깃든 저만치 그 기억 헤쳐

파닥거리는 힘줄 그 박동을 껴안는다.

우뚝 선 몸 다독여 달려보는 봄길,

나도 마중물 돼 흔연한 봄을 맞네.

이뿐만이 아니다. 필자는 시적 감성이 있는 일부 유저들과는 서로 시로 화답하는 즐거운 시간을 가진 적도 있다. 트위터로 즐겨보는 '신선놀음'인 셈이다. 트위터 친구인 국어교사 안지윤(@winniejy) 님과 화답하는 형식으로 시를 주고받은 현장으로 안내한다.

@winniejy 후두둑, 두. 임의 행차를 요란스레 자랑하진 않지만, 창백하게 얼어 오신 그대조차 봄빛으로 기다린다. 새 한 마리가 툭, 비웃더라도 나는 이 자리에 늘. / 소나무

필자 냉기 돈 하늘 퍼덕거리며 그 여윈 모습 아파했던 그 어둠 뒤로 하고, 이제 장하게 빛살 맞아 우뚝 선 파아란 산목 그대, 내 울음 생명으로 여기에 늘. / 새

@winniejy 전봇대 그리워 갈 땐 언제고 이제 와 둥지질이냐. 쭉 뻗은 문명의 기둥 차갑단 것 이제 알았느냐. 이왕지사 돌아왔으니 생명의 길 이어가라. / 소나무

필자 날개 달린 날짐승, 변덕에 가위눌려 사는 애달픔. 건목의 호기로 뜨거운 포옹줄 던져주니 그 구속을 자유로 받아 산목 잔가지에 살포시 둥지 틀 터이니 이젠 공생의 길, 봉화를 띄워보네 / 새

@winniejy 살거라, 하늘 향한 그리움으로 점철된 갈래목의 가장 좋은 자리 내어줄 터이니. 물거라, 이상 향해 토해낸 바늘 같은 부르짖음 바리바리 싸줄 터이니. 날거라, 가서 나의 희망과 너의 자유를 마음껏 전하거라. / 소나무

필자 터에 붙박이로 살지만 천리 허공 가로지르는 그대 시선 날개 삼아, 에이는 바람결에 몸 맡긴 겸손이지만 마침내 솟구쳐 오르는 그대 기상 구름 삼아, 세상을 날지 않고 필부필부 가슴팍을 파고들겠소, 그 자유를! 그 희망을! / 새

@winniejy 따가운 가시에서 빛의 시선을, 거친 피부에서 바람의 숨결을 발견한 그대여. 하늘을 지나 구름을 건너 생활의 감성으로 파고드시길, 세상을 빛내시길. / 소나무

다음은 안지윤 님과 나눈 시 화답의 또 다른 사례다. 봄과 봄꽃이 시로 대화하는 형식이다.

@winniejy 내가 온힘을 다해서 하얘진 것은 보오얀 너를, 붉어진 것은 설레는 너를, 노래진 것은 빛나는 너를, 네 마음을 담아내기 위해서였다. / 봄꽃

필자 나에게 보내는 기다림의 시선을 외면하며 눈으로 비로 뿌리다 추위로 뒷모습 보인 나, 그건 너희들 마음 날 포옹할 수 있을 만큼 따뜻해지길 기다렸기

때문이다 / 봄

@winniejy 아이야, 앵돌아진 봄 때문에 우리 식구 다 죽는다. 일 년에 한 번 기다려온 시간인데 추위가 뺨 때리고 눈이 할퀴고 비마저 울어주니 우리는 어찌 살면 좋으냐. 어서 가서 마음 돌려 우리 살리고 너희도 웃어라. / 봄꽃

필자 사람아, 모진 건 내가 아니고 너희 마음. 일 년이란 짧은 세월 쉬 돌아 왔건만 내 맘 철렁이게 한 너희 냉기 도는 마음, 내 발길 담을 수 없어 뒤돌아선 것뿐, 너희 맘이 온기를 찾아야 나도 살고 너희도 사나니. / 봄

@winniejy 사람들아, 너희 어떤 복이 있어 이런 영화를 누리는지 모르겠 지만. 내 얼굴도 모가지도 열매도 모든 것을 너희를 위해 내어줄 터이니, 우리 봄 님 누우실 마음의 터 닦아서 나도 살고 너도 살자꾸나. / 봄꽃

필자 꽃, 너만 보면 상처 나고 아린 마음 천길 아래 내닫는다. 사계절 기다 려 온몸으로 수놓은 화사한 그 몸짓, 손짓, 눈짓 널 위해 내 한 몸 꽃길 가는 바람 길 열어야했건만. 널 아파해 늦었지만 절정으로 곱으로 날 던져주련다. / 봄

@winniejy 괜찮다, 봄아. 어차피 함께 가는 길이니. 네가 가면 나도 가고, 내가 떠나면 내 아기들이 재잘거리며 연푸르고 검푸른 네 친구의 손 잡을 터. 슬 퍼 말고 나를 받아라. 나의 숨통을 트이게 해라. / 봄꽃

필자 세상이 무너져도 솟아날 구멍 있다더니, 찬바람 쌩쌩 부는 회색빛 도 시, 그 안에 날 반기는 너 봄꽃의 군무에 취해 … 이런들 어떠하리 저런들 어떠하 리 하여가 불러보며, 무거운 짐 내리며 얼쑤 춤이나 추어보자 얼쑤~~ / 봄

명문장 공유

유저들이 책을 읽다가 보게 되거나 평소에 알고 있던 명문장이나 교훈의 글귀를 주고받는 모습도 트위터에서 자주 눈에 띈다. 그런 트윗은 감동도 주고 생각할 거리도 준다.

필자도 마음에 깊이 새겨두고 싶은 글귀를 만나면 그것을 우선 트윗으로 올린다. 다른 트위터 유저들에게도 알려주고 싶어서다. 또한 트위터에서 공감이 가는 글귀를 보게 되면 그것을 RT해서 팔로어들에게도 그것을 볼 기회를 주려고 한다. 우리나라 유저들보다는 외국 유저들이 더 자주 기억해둘 만한 명문을 트위터에 올려 공유하는 것 같다.

필자가 올렸거나 보게 된 명문의 사례를 소개한다. 읽어보면 우리의 삶에 많은 도움과 깨우침을 주는 것들이다.

"혹독한 역경을 딛고 성공한 사람들은 예외 없이 헝그리 정신을 가지고 있으면서도 겸허합니다. 공통점은 밑바닥 생활이 길었다는 것, 그리고 운 좋게 성공할 수 있었기 때문에 앞으로는 다른 사람들을 위해 살려고 하는 것입니다." (피터 드러커)

"사람들은 모두 덧셈만을 하고 있어서 뺄셈은 잊어버린 지 오래다. 모두들 '덧셈교'라는 종교의 신자가 돼버린 것 같다. 학교에선 더 빨리 더 많이 문제를 푸는 것이, 비즈니스 세계에선 보다 많이 보다 빨리 물건을 내다파는 것이 유일한 신앙인 양." (《행복경제학》)

"참된 앎이란 타인에게서 빌려온 지식이 아니라 내가 몸소 부딪쳐 체험한 것이어야 한다. 다른 무엇을 거쳐 아는 것은 기억이지 앎이 아니다. 그것은 다른 사람이 안 것을 내가 긁어모은 것에 지나지 않는다." (법정 스님)

"과녁을 명중시키는 화살은 백 번 실수의 결과이다(Every arrow that hits the bull's eye is the result of 100 misses)." (작자 미상)

"성실함은 불편할 때조차 올바른 일을 하는 것이다(Integrity is doing the right thing even when not convenient)." (체슬리 설런버거)

"더 지혜로워질수록 아는 게 얼마나 적은지를 더 잘 깨닫게 된다(The wiser you grow, the more you realize how little you know)." (셔린 로스 인그램)

사람들로 하여금 이런 명문들을 트위터에 올리게 하는 심리는 무엇일까? 사람들이 그렇게 하는 것도 다른 사람을 향한 대화의 시도라고 필자는 생각한다. 자기에게 감동을 준 글을 트위터에 올리면서 스스로도 그것을 교훈으로 삼는 동시에 다른 사람들과도 그 글을 공유하고 싶은 것이다.

트위터에 올라오는 좋은 글귀들만 읽어도 삶에 많은 도움이 될 뿐 아니라 묵은 사고습관을 버리고 새로운 깨달음을 얻기에 넘칠 정도다.

기존 속담을 변조해 만든 트위터 속담

"트위터에서 스치기만 해도 인연."

"가는 트윗이 고와야 오는 트윗도 곱다."

"트윗 하나로 천 냥 빚을 갚는다."

"잘 키운 트위터, 이메일 부럽지 않다."

"사촌만 트위터 하면 배가 아프다."

"낮 트윗은 직원이 듣고 밤 트윗은 마누라가 듣는다."

"천 트윗도 한 트윗부터."

"티끌 트윗 모아 태산 트윗."

노래, 연주, 사진 공유

필자가 트위터를 시작한 뒤로 트위터를 통해 내려받을 수 있는 정보 가운데 가장 즐기게 된 것은 노래, 연주, 사진 등에 관한 정보다. 많은 유저들이 각자 자신이 좋아하는 노래나 연주를 가요에서부터 재즈, 팝송, 클래식에 이르기까지 다양하게 트위터에 올린다. 주로 유튜브에 올라 있는 음악의 링크를 포스트한다.

각자 자신이 좋아하는 노래를 다른 사람들과 공유하고자 하는 덕분에 특히 밤 시간에 트위터를 통해 다양한 음악을 접할 수 있다. 밤에는 트위터에서 음악 감상 시간이 펼쳐지는 것이다. 필자도 간간이 음악에 관한 정보를 올리곤 한다.

한번은 필자가 근무하는 머니투데이방송 MTN이 주최한 봄 음악회에서 재즈 하모니카 연주자 전제덕과 색소폰 연주자 대니 정의 연주가 너무 감동적이어서 두 연주자의 연주를 유튜브에서 찾아내어 포스트했다.

어떤 유저들은 아예 여러 시간 동안 자신의 음악방송국을 개국한다. 트위터를 통해 청취자들을 모아놓고 신청곡을 받아가면서 쌍방향 음악방송을 진행하는 DJ가 되는 것이다. 인기 있는 어느 트위터 DJ의 경우는 100명이 넘는 유저들이 몰려들어 듣고 싶은 음악을 신청하고, 하고 싶은 말을 트윗으로 올리기도 하면서 그의 음악방송에 참여한다. 일종의 UCC 음악방송인 셈이다. 그의 음악방송은 7080 노래를 많이 틀어주어서 그만큼 필자가 거기서 느낀 즐거움도 컸다.

트위터에는 사진도 자주 올라온다. 유저들이 혼자 보기 아까운 멋진 경치, 음식, 모임을 찍은 사진은 물론이고 자신의 모습을 담은 사진이나 코믹터치가 된 사진 등을 게시해 다른 사람들의 눈을 즐겁게 해준다.

필자도 사진을 트위터 친구들과 공유하는 데 재미를 붙이고 있다. 멋진 경치를 보게 되거나, 남들에게도 보여주고 싶은 현장에 있게 되거나, 지금 내가 하고 있는 일을 알리고 싶으면 즉시 사진을 찍어 트위터에 올리고 거기에 설명도 붙인다. 이런 일을 하루에 두세 건 정도는 하고 있으니 이것도 이제는 일상사가 됐다. 이렇게 사진을 올리는 비용으로만 한 달에 3만 원 정도를 쓰고 있다.

출근길에 마주친 벅차게 푸른 하늘, 우연히 눈에 띈 아름다운 화초나 경치, 점심이나 저녁식사로 먹는 음식, 이런저런 회식의 자리, 전시회에 갔다가 보고 감동을 받은 그림도 사진으로 찍어 트위터에 올리고, 내가 진행하는 주간대담 프로그램의 출연자와 함께 찍은 사진, 전시회에서 보고 감동을 받은 그림도 그렇게 한다. 직장에서 내가 일하는 공간과 우리 집의 내 방과 같은 사적인 공간도 사진으로 살짝 공개한다. 차를 몰고 가다가 길가에 개나리가 아름답게 피어있는 모습이 보이면 다른 트위터 유저들에게도 보여주고 싶어 차를 잠시 세우고서라도 사진을 찍어 트위터에 올린다.

트위터에 사진을 올리는 방법은 간단하다. 스마트폰으로 사진을 찍은 다음에 트위터를 활용할 수 있는 애플리케이션을 열고 메시지를 쓴 뒤 사진을 첨부하고 'send'를 누르면 바로 트위터에 표출된다. 이런 과정은 무료인 게 특징이다.

또는 www.spic.kr에 가서 자신의 트위터 아이디를 입력하면 사진을 게시할 수 있는 주소를 부여받게 된다. 그 주소를 자신의 스마트폰에 입력해 놓은 뒤 사진을 촬영해서 MMS(멀티미디어 메시지 서비스)로 보낼 때 그 주소로 보내면 트위터에 포스트된다. MMS는 유료인 게 단점이다.

URL 단축

트위터는 트윗 하나의 길이가 140자 이내로 제한되기 때문에 URL을 그냥 다 쓰면 소통 자체가 어려워지는 문제가 있다. 이 문제를 해결하기 위해 URL을 축소시켜주는 서비스가 등장했다. Olw.ly와 is.gd 등이 그것이다. 유저의 입장에서는 트윗을 입력할 때 URL 단축키만 눌러주면 자동으로 URL을 단축시킬 수 있다.

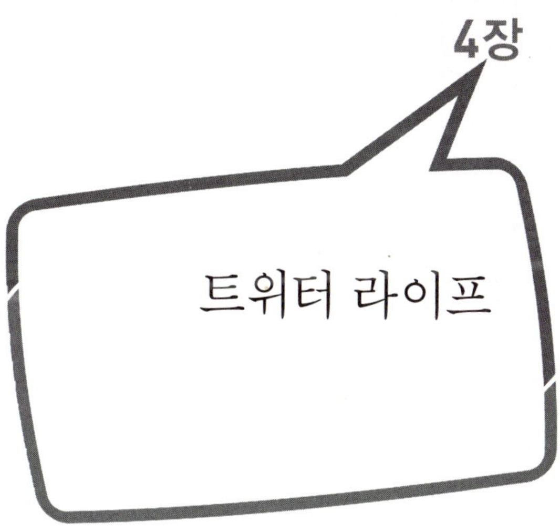

4장
트위터 라이프

트위터가 주는 선물, 좋은 사람들

트위터는 온라인상의 옛 우물가 같은 곳이다. 같은 마을에 사는 주민들이 옹기종기 모여앉아 이런저런 대화를 나누는 '이야기 터'다. 자신의 고민을 얘기하고 위로받기도 하고, 이웃집 얘기를 하면서 키득거리기도 한다. 세상 돌아가는 얘기를 하며 탄식하기도 하고, 다른 나라의 소식을 듣고 전하기도 한다.

이렇다 보니 트위터가 사람과 사람 사이에 직접적인 '스킨십'을 가져다주기도 한다. 온라인에서 대화를 나누다가 친해지면 오프라인에서 실제로 만나보기도 하고, 그렇게 해서 서로 더 친해진 사람끼리는 온라인에서 더욱 활기차고 재미있고 친근한 대화를 하게 된다.

서로 잘 모르던 사람끼리 온라인 대화로 거리를 좁히다가 얼굴을 직접 마주하는 오프라인 만남을 가지면 친근감을 더욱 증폭시킬 수 있다. 이런 과정을 통해 '군중 속의 고독'이나 '소외감'을 느끼던 사람들이 '온라인 공동체'를 만들어가는 데서 기쁨을 느끼고, 자신도 그 공동체의 일원이라는 소속감도 느끼게 되는 것이다. 이것이 바로 많은 사람들이 트위터에 열광하는 이유다.

필자도 트위터를 통해, 트위터가 없었다면 알 수 없었을 좋은 사람들을 많이 알게 됐다. 그 덕분에 필자는 전에는 경험하지 못했던 '새로운 공동체적 인간관계'를 경험하며 행복감을 느끼게 됐다.

미국의 명문대학인 하버드대학의 졸업생 268명이 졸업 후에 어떤 삶을 살았는지를 추적해본 결과 인간을 행복하게 만드는 것은 돈이나 물질이 아니라 '인간관계'임이 확인됐다는 조사결과가 있는데 설득력이 있다고 본다. 필자는 트위터를 통해 그렇게 행복을 가져다주는 '인간관계'에 푹 빠져있다.

필자가 2009년 8월에 트위터를 본격적으로 시작한 지 얼마 지나지 않아, 온라인에서 서로 말을 주고받다가 친해진 사람들이 여기저기서 '번개'를 하는 걸 알게 됐다. 하지만 쑥스러울 것 같기도 하고 딱히 누가 불러주는 것도 아니고 해서 필자는 '얼굴 없는' 트위터 유저로 머물러 있었다. 나이노 지긋한 내가 젊은 친구들이 모이는 그런 장소에 나가서 뭐 하나 하는 나름대로의 합리화 논리도 발동시켜 가면서….

그러나 밤만 되면 속속 올라오는 번개 얘기에다 '인증샷'이라는 이름으로 포스트되는 모임 현장의 사진과 거기에 보이는 맛난 음식들…. 도대체 무엇이 저들로 하여금 번개에 열광하게 하는지가 무척 궁금해지기 시작했다.

그러던 중 트위터에 '독서토론'(줄여서 '독토')이라는 모임이 만들어진 것을 알게 됐다. 독서라고 하면 그것이 취미가 아닌 사람은 없을 테고 필자도 마찬가지이니 덜컥 회원 명부에 이름을 등재해 버렸다. 그러고 지내다 보니 필자의 연령과 직업 때문인지 난데없이 '전문위원' 이라는 호칭까지 부여받게 됐다. 이제는 되돌리기에 늦을 정도로 일이 많이 진행된 것이었다. 쑥스럽든 말든 그 모임의 전문위원으로 활동했다.

그래서 처음으로 필자가 나가게 된 번개가 이른바 '독토 모임' 이다. 용산의 삼각지에 있는 한 식당에서 열린 그 모임은 필자의 트위터 인생에 변화를 가져오는 전환점이 됐다고 해도 과언이 아니다.

트위터를 통해 이루어지는 모임은 그 자체가 우선 다른 종류의 모임과 다르다. 처음 나간 사람의 입장에서 보면, 학교동창도 아니고 직장동료도 아닌 생면부지의 사람들과 만나게 된다. 트위터를 하면서 알게 된 다른 사람들의 아이디 정도만 알고 모임에 나가는 것이다.

필자가 처음으로 참여한 번개, 즉 용산 생태집 모임이 정확하게 그런 경우였다. 도대체 누구를 만나게 되는지도 모르고 '무작정 상경' 식으로 그 장소에 나갔다. 모임 장소에 들어가 보니 의외로 어렵지 않게 사람들을 찾을 수 있었다. 척 하면 안다고 그들에게서 트위터 냄새가 났다.

일고여덟 분이 이미 와 계시는데…, 이런, 아는 사람이 한 분도 없다. 대략 보아 나이는 다들 필자보다 어려보이고…. 하지만 임전무퇴! 이왕 나온 거, 이 기회에 번개에 대해 마스터하자! 이렇게 마음먹고 명함을 돌리며 인사하고, 그러다가 새로 오는 사람이 있으면 또 인사하고…. 아니, 그런데 나중에 보니 모임에 젊은 친구들만 있는 것이 아니라 필자와 나이가 그리 차이나지 않아 보이는 중년층도 섞여 있는 게 아닌가. 아이구 반가와라!(이분들과 지금도 아주 친하게 지내고

있다)

필자는 그날 모임에 와인 두 병을 가지고 가서 '신고식'을 치렀다. 모임은 정말로 재미있고 화기애애하게 진행됐고, 2차로 맥주집까지 이어졌다. 이미 서로 아는 사람들도 일부 있었지만, 처음 나온 사람들끼리도 금방 친해지기에 부족함 없이 친근감이 넘치는 분위기였다.

그날 모임에 대해 생각을 한번 정리해보자. 필자로서는 그날 만난 열대여섯 명의 트위터 유저들 모두가 태어나서 처음 만난 사람들이었다. 게다가 나이가 20대 후반부터 40대 중후반까지 골고루 퍼져 있었다. 성별로도 남자와 여자가 섞여 있었다. 직업도 정말로 다채로웠다. 대략 기억나는 대로 업종만 적어 봐도 IT, 컨설팅, 큐레이터, 사진작가, 금융기관 종사자, 사무직, 미디어, 건설업 등 직업 백화점이라고 할 수 있을 정도였다. 직업상의 업무 관계로는 억지로 연결시켜 만나보려고 해도 다 모으기가 사실상 불가능한 사람들이었나.

직업도, 배경도, 나이도 다 다른 사람들이 단지 트위터 하나를 매개로 해서 모여 왁자지껄한 모임을 가진 것이었다. 상대방의 트위터 아이디를 입에 올리며 "아! ○○○님이죠?" 하면 이미 서로 간에 마음이 열린 것이다. 온라인상에서 이미 여러 차례 대화를 나눈 사이인 것만 확인되면 그 다음에는 웃음과 농담이 교차하며 대화가 술술 풀려나간다. 마치 오프라인에서도 이미 알고 지내던 사이인 것처럼. 적어도 필자의 상식으로는 직업적인 관계에서는 도저히 만들어질 수 없는 모임이었고, 도저히 접할 수 없는 열린 분위기였다.

필자는 '패밀리(family)'라는 트위터 친구 그룹의 일원이기도 하다. 필자가 트위터에 처음 입문했을 때 인천 지역에 사는 한 여대생을 알게 됐는데, 그 여대생을 시작으로 식구가 하나둘 늘어나면서 서로 형님, 오빠, 동생으로 관계설정이 되자 아예 우리끼리 '패밀리'라고 자칭하게 된 것이다. 우리는 가끔 만나 저녁식사를 같이 한다. 그만큼 친근감을 크게 느끼는 사이다. 구성원의 거주지도 서울, 인천, 대구, 제주는 물론이고 멀리 도쿄까지 아우른다.

신종플루가 유행처럼 번지던 때에 필자는 도쿄에 있는 패밀리 여동생이 플루에 걸렸다는 소식을 듣게 됐다. 나는 패밀리의 다른 동생들에게 휴대폰 문자로 그 사실을 알렸다. 그리고 도쿄로 직접 전화를 걸어 위로를 해주었고, 다른 동생들도 그렇게 했다. 서로 알지도 못하던 사람들이 이렇게 가족같이 서로를 걱정해주는 아름다운 관계, 이건 트위터가 없었다면 있을 수 없는 것이었다.

패밀리 가운데 인천에 사는 여동생은 일본에 간 김에 도쿄에 들려 '언니'를 만났고, 그 '언니'는 한국에 있는 '가족(패밀리)'을 위해 일본 술을 보내왔다. 우리는 여의도에서 저녁 때 만나 같이 식사를 하면서 도쿄에서 보내온 그 선물도 즐겼다.

필자는 '서초구락부'라는 애칭으로 불리는 모임에도 참여하고 있다. 트위터를 하다가 똑같이 서초구에 산다는 공통분모를 지닌 여성 유저 몇 분을 알게 됐다. 그들은 화가, 디자이너, 불교단체 관계자 등으로 하나같이 마음결이 고운 분들이다.

그분들과 온라인 대화를 통해 친해져 어느 날 저녁식사를 같이 하게 됐다. 그 자리에서 서로 마음을 열고 이야기를 나누다 보니 서로 친해지고 뜻도 통해 그들은 필자를 '오빠'라고 부르고, 필자는 그들을 '동생'으로 부르게 됐다. 우리는 트위터를 통해 서로 안부를 묻고 소식을 주고받는다. 그리고 가끔 만나 식사를 같이 하며 이야기를 나누다가 박장대소하기도 하고, 음악회나 전시회에 가는 '품위 있는' 예술활동을 하기도 한다.

트위터를 통해 맺어지는 인연은 다종다양하다. 필자의 이름인 '최남수'는 희귀한 이름이 아니어서 이 이름을 가진 동명이인이 적지 않다. 하지만 필자는 그동안 이름이 같은 분을 직접 대면한 적이 없다. 그런데 트위터를 시작한 뒤에 어느 트위터 친구분의 소개로 '다른 최남수'를 알게 되어 그분과 맞팔로잉 친구가 됐다. 그리고 지내다가 '김민수'라는 이름을 갖고 있는 세 분도 알게 되어 아예 '남수—민수 모임'을 결성했다.

필자는 '번개쟁이'란 별명이 붙을 정도로 많은 트위터 유저들을 만나고 다녔고, 그 개방적 분위기를 마음껏 즐겼다. 트위디에서 알게 된 지방의 한 여중생을 그 부친과 함께 서울로 초대해 방송국 스튜디오를 안내하고 회사에서 개최한 연주회를 같이 관람한 일도 있다. 홍대 앞 모임, 40대 중심의 모임 등 갖가지 번개를 즐겼고, 만난 분들의 직업도 학생, 취업준비생, 교사, 교수, 은행간부, 화가, 역술인, 직장인, 변호사. 디자이너, 컬러컨설턴트, 금융인, 기자, 전문작가, IT 전문가, 성직자, 자영업자, 정치인 등으로 정말 다양했다.

지역도 국내로만 제한되지 않았다. 미국 로스앤젤레스의 심리학자, 인디애나 주의 유학생, 영국 런던의 유학생, 인도네시아의 한국 기업인, 호주의 교민 등 다양한 국가에 거주하고 있는 한국인들과도 친근하게 소통관계를 유지하고 있다. 그 가운데 일부 분들은 한국에 들어오셨을 때 만난 적이 있는데, 트위터에서 이미 거리가 좁혀진 뒤에 만나는 것이어서 매우 반갑고 정겨운 분위기가 금세 형성됐다.

호주에 일찍이 유학 갔다가 졸업하고 그곳에서 직장을 다니고 있는 한 친구를 트위터에서 알게 되어 필자가 형, 그 친구가 동생이 됐는데, 그 친구가 한국에 들어왔을 때 여의도에서 만나 정다운 대화를 나눴다. 또 뉴욕에서 지내던 중에 트위터를 통해 필자와 사귀게 된 분이 귀국했을 때에도 필자는 그 분과 저녁을 같이 하며 트위터 얘기를 하느라 시간가는 줄 몰랐다. 온라인에서 트위터 친구로 지내다가 실제로 만나게 되면 인간관계의 즐거움이 배가 된다는 게 필자가 경험을 토대로 내린 결론이다.

많은 분들과 온라인에서 공동체적 관계를 맺다 보니 재미있고 행복한 일이 많이 발생한다. 필자가 나이를 먹을 만큼 먹은 탓에 트위터를 통해 동생이 많이 생겨났고, 그들은 필자를 '오빠', '오라버니', '형님' 등으로 부르게 됐다. 매우 기분 좋은 호칭이다. 그러다 보니 심지어는 필자를 '국민오빠'라는 애칭으로 부르는 여동생도 여러 명이다.

언젠가 필리핀에서 한국어를 가르치는 필리핀 여성과 트위터를 통해 서로 알게 됐는데 그 여성이 필자를 'Oppa(오빠)'라고 부르면서부터는 필자가 '글로벌오빠'를 자처하게 됐다. 그 필리핀 친구는 지금도 트위터를 통해 인사를 주고받으면서 친분관계를 유지하고 있다.

2009년 하반기에 필자가 다니는 회사가 어느 기업의 후원을 받아 'MBA 기업경영사례 분석 대회'라는 행사를 열었다. 필자는 해당 기업의 한 간부와 함께 의논을 하며 행사준비를 해나갔다. 그러던 어느 날 그 간부 왈 "혹시 저하고 맞 팔로잉 관계 아닌가요?" 한다. "글쎄요…"하면서 아이디를 서로 알려주며 확인 해보니 트위터에서는 이미 친분을 유지하고 있는 관계였다. 서로 트위터 친구인 걸 뒤늦게 알게 된 것이었다. 휴, 트위터에서 사이좋게 지냈기에 망정이지…!

그런데 그 행사가 진행되던 도중에 참석한 한 여학생이 필자에게 "저하고 팔로잉 중이세요"해서 또 아이디를 교환하고 확인해보니 이미 대화를 많이 나 눈 관계…. 당연히 반가웠다. 그러면서도 한편으로 머리를 스치는 생각! '트위터 에서 착하게 살자!'

지금까지 이야기한 필자의 경험에서 알 수 있겠지만, 트위터를 하다 보면 놀 라울 정도로 많은 좋은 분들과 공동체적 성격이 강한 친분관계를 맺게 될 수 있 다. 서로 알지 못했던 사람들이 동생, 형, 오빠가 되면서 강한 유대관계에 묶이게 된다. 이는 필자만 그런 것이 아니며 다른 유저들도 마찬가지일 것이다.

트위터의 묘미는 온라인상의 실시간 대화에도 있지만, 그런 대화와 오프라 인 모임 등을 통해 다양한 사람들과 나 사이에 형성되는 친근한 관계에도 있다. 유저들은 트위터를 통해 뉴스와 정보를 교환하기도 하지만, 서로 관심을 가져주 고 걱정해주고 하는 과정에서 정서적인 교감을 하면서 공동체성을 확대해 가기 도 하는 것이다.

현실에서 분자화, 개별화되어 '군중 속의 고독'을 느끼며 살아가던 사람들 이 트위터에 열광하는 이유가 바로 여기에 있다. 트위터는 정서적 카타르시스의 요소를 갖고 있는 것이다. 이런 측면에서는 필자도 예외가 아니다. '이익사회' 속에서 건조한 인간관계의 틀을 벗어나지 못했던 필자도 트위터 덕분에 다른 많은 유저들과 '공동체사회'적인 정서적 연결고리를 갖게 됐다. 이것은 분명 트위터가 아니면 줄 수 없는 소중한 선물이다.

부부간과 연인간의 트위터

하나의 사례

금슬 좋은 부부가 있다. 부부는 여기저기에서 트위터 얘기를 하는 소리를 듣고는 각자 트위터 계정을 열고 맞팔로잉을 했다.

두 사람 다 처음에는 자신을 팔로하는 사람들이 늘어나는 게 신기했고, 그들과 대화를 나누는 게 재미있었다. 두 사람 모두에게 대화의 상대가 된 사람들에 대해서는 이 사람은 어떻다, 저 사람은 어떻다 하는 식으로 부부간에 평가의 의견을 나누기도 했다. 그동안 부부간에 대화를 할 만한 공동된 주제가 별로 없었던 터라 트위터는 두 사람 사이에 대화의 문을 열어주는 좋은 주제가 됐다.

그런데 시간이 흐르면서 문제가 생겨나기 시작했다. 남편은 아내가 다른 남성과 친밀하게 대화를 나누는 것에 대해 불편한 감정을 갖게 됐고, 아내는 남편이 다른 여성과 친밀하게 대화를 나누는 것에 대해 불편한 감정을 갖게 됐다. 트위터를 하다 보면 서로 농담도 주고받고 하게 되는데 남편이 보기에는 아내가,

아내가 보기에는 남편이 다른 사람과 농담을 주고받으며 낄낄대는 모습을 보게 되자 마음이 영 편하지가 않았다.

급기야 서로 다투는 일까지 벌어졌다. 부부는 트위터가 문제의 원인이라고 생각하게 됐고, 아예 둘 다 트위터 계정을 폐쇄해버리기로 했다.

또 하나의 사례

한 여성과 한 남성이 트위터를 통해 친해지더니 둘 사이가 연인관계로 발전했다. 그런데 둘 다 연인관계가 되기 전에 가깝게 지내는 이성 트위터 친구들이 많았고, 연인관계가 된 뒤에도 그런 친구들과 자유롭게 대화를 나누고 번개도 했다. 둘 다 서로에 대해 신뢰하는 한 그렇게 한다고 해서 문제 될 것은 없다고 생각했기 때문이다.

그러나 이 커플에게 문제가 생겨났다. 사랑이라는 감정은 상대방에 대한 독점욕까지 포함하는 것이어서 그런지도 모르겠다. 둘 다 자신의 연인이 이성 친구와 호의적인 태도로 대화를 나누고 실제로 만나기도 하는 것을 보면서 마음이 불편해졌다. 그러자 둘 다 자신의 연인을 응징하기 위해 자신의 이성 친구와 실제 이상으로 더 친한 척했다.

그러나 그런 행위는 서로에 대한 불편한 감정을 더욱 자극할 뿐이었다. 이 커플은 결국 트위터러로서의 자유를 위해 연인관계를 접었다.

약간의 픽션을 가미하긴 했지만 이 두 가지 사례는 실제로 일어났던 일이다. 필자가 아는 트위터러들에게 위와 같은 사례를 알려주고 의견을 물어보았다. 위와 같은 사례에서처럼 "부부나 연인이 트위터를 같이 하는 것에 대해 어떻게 생각하느냐"고. 여러 가지 답변이 들어왔다.

"다른 이성과 대화한다는 것 때문이 아니라 평소에 말하지 않던 내용을 트위터로 다른 분(꼭 이성이 아니어도)과 소통한다는 것 때문에 싸우게 되지 않을까요? 저 자신은 그런 문제로 한번 대판 싸워봤습니다."

"분명히 문제가 생길 듯해요."

"전 남친이랑 맞팔하고 트위터 하는데, 괜찮아요. 남친이 다른 이성과 반가운 대화를 해도 그건 그저 트위터라서 별로 신경 안 쓰이고, 천 명 넘는 팔로어들의 트윗이 흐르는 타임라인에 파묻혀 있다보면 어떤 땐 서로 트위터를 하고 있는지도 모르겠던데요. 같이 앉아서 트위터를 하고 있을 때에도."

"맞팔로잉 안 한 상태에서 연인이 다른 이성과 대화를 하는 걸 알게 되는 것보다야 맞팔로잉 상태에서 그런 대화가 보이는 게 낫지 않을까요. 꼭 트위터에서만이 아니라 다른 데서도 비슷한 경우가 많을 텐데, 서로에 대한 예의와 강한 신뢰가 있다면 문제 될 일은 없을 것 같습니다."

"제가 아는 부부는 트위터로 상당히 좋은 소통을 하는 것 같더군요. 가능하다고 봅니다. 그리고 그럴 수 있는 부부는 행복할 것입니다."

부부나 연인의 관계는 저마다 상황이 다를 것이고, 같은 문제에 대한 반응도 다를 수밖에 없을 것이다. 그래서 부부간, 연인간의 트위터에 대해 정리된 의견을 일률적으로 내놓을 수 없다. 하지만 분명한 것은, 일부이기는 하겠지만 파트

너가 다른 이성과 대화하는 것에 대해 불편해 할 소지가 있고 이로 인해 두 사람 사이에 갈등이 생길 수 있다는 점이다. 같이 트위터를 하는 데는 리스크가 있는 것이다.

그렇다면 이런 문제에 대한 현실적인 해결책은 무엇일까? 부부나 연인이 같이 트위터를 하는 경우에는 파트너를 의식해 다른 이성과 트위터를 할 때 절제된 태도를 취하는 것이 바람직할 것이다. 이는 물론 그와 같은 부분이 문제가 되는 커플에게만 해당되는 조언이다. 사실 이 문제는 정답이 없으며, 각 커플이 알아서 선택과 결정을 해야 할 사안인 것 같다. 남녀관계는 복잡하다!

트위터는 놀이터? '일 도우미'도 된다

트위터는 앞에서 말한 역기능보다는 사람들끼리 안부를 묻고, 소식을 전하고, 의견을 교환하는 소통의 공간으로서의 순기능이 더 크다고 필자는 생각한다. 트위터라는 이름 자체가 '재잘거리다'라는 뜻인 데서 알 수 있듯이 트위터는 개인이 자신의 생각을 마음껏 털어놓고 다른 사람들과 어울리며 공동체성을 경험하는 새로운 공간이다.

그런데 트위터는 개인들끼리 사적인 의사소통을 하는 수단에 그치지 않고 직업상의 업무에도 그동안 경험하지 못했던 도움을 준다. 필자가 미디어에 종사하고 있기 때문에 더 예민하게 느끼는 것인지는 모르겠지만, 트위터는 유용한 정보를 얻고 또 내가 갖고 있는 정보를 다른 사람들과 공유하는 데 크게 도움이 된다.

먼저 정보수집 창구로서 트위터가 해주는 역할을 살펴보자. 트위터에서는 박용만 두산인프라코어 회장, 정용진 신세계 총괄대표와 같은 재계의 주요 인사들과 소설가 이외수, 정치인인 정동영 민주당 의원, 정두언 한나라당 의원, 노회찬 민주노동당 의원 등이 계정을 열어놓고 유저들과의 소통에 나서고 있다. 삼성그룹, KT, SKT 등의 기업들도 트위터를 통한 홍보활동에 적극적으로 나서고 있다. 이렇다 보니 경제전문 미디어에서 일하고 있는 필자에게는 그분들과 기업들의 트위터 활동이 대화의 창구가 되는 동시에 취재의 대상이 되기도 한다.

기업인 가운데 트위터에서 가장 활발히 활동하는 박용만 회장은 유저들과 개방적인 소통을 하면서 보여주는 소탈한 모습이 인상적이다.

2009년의 어느 날엔가 필자는 박 회장이 트위터를 통해 대전에 사는 여중 3학년 학생과 대화를 나누다가 서울에 와서 자신과 식사를 같이 하자는 약속을 하며 그 학생을 초대하는 것을 보았다. 대기업의 회장이 지방의 여중생과 트위터를 통해 친구가 되고, 그의 초대에 응해 그 학생이 서울 나들이에 나서는 것은 트위터가 아니면 불가능한 아름다운 일이라고 필자는 생각했다.

그래서 필자는 그 내용을 회사 안에 있던 다른 기자들에게 말해주었고, 그 이야기는 결국 '대기업 회장과 여중생의 만남' 이라는 기사로 독자들에게 전달됐다. 일부에서는 뭐 이런 것까지 기사화하느냐고 해서 논란이 잠깐 빚어지기도 했지만, 필자는 트위터가 인간관계에 얼마나 중요한 변화를 가져오는지를 알리는 것도 괜찮다고 생각했다.

그런가 하면 취재해 기사화할 만한 내용의 정보가 필자에게 제보되기도 한다. 필자는 예를 들어 어떤 은행이 외환수수료를 과도하게 받고 있다든가, 항공기가 풍력발전소에 충돌하는 것을 막기 위해 풍력발전소에 새겨놓은 위험경고

표식에 문제가 있다든가 하는 제보를 트위터를 통해 받은 적이 있다.

정보입수를 위해 필자가 제일 많이 활용하는 것은 해외의 경제와 시장에 관한 소식을 빠르고도 깊이 있게 전하는 해외 미디어의 트윗이다.

〈파이낸셜타임스〉, 〈월스트리트 저널〉, 〈블룸버그〉, CNBC, NPR, 〈타임〉, 〈이코노미스트〉, CNN, BBC 등의 해외 미디어는 속보는 물론이고 심층기사와 칼럼까지도 트위터에 올린다. 특히 해외의 경제매체들은 웹보다도 트위터에 속보를 더 빨리 올리는 경우가 종종 있기 때문에 해외 경제동향을 한발이라도 빨리 아는 게 좋은 필자에게는 그런 경제매체들의 트윗을 읽는 게 크게 도움이 된다.

이뿐만이 아니다. 〈마셔블(Mashable)〉이나 〈소셜미디어 투데이(Social Media Today)〉와 같은 전문 미디어가 트위터에 올리는 글들은 트위터와 페이스북 같은 소셜미디어의 현장에서 일어나는 일에 관한 뉴스를 아는 데 대단히 유용하다.

또한 트위터를 통해 노벨경제학상 수상자인 폴 크루그먼이나 베스트셀러 경제학 교과서의 저자인 그레고리 맨큐와 같은 유명 경제학자들의 글을 구독할 수도 있고, 해외의 트위터 친구들이 보내주는 해외의 소식도 받아볼 수도 있다.

필자로서는 트위터를 통해 이렇게 다양한 곳으로부터 신속하게 뉴스와 정보를 얻게 되니 인터넷의 웹으로 뉴스와 정보를 서핑하는 데 드는 시간은 예전보다 많이 줄어들었다.

필자가 실제로 방송 일을 하는 과정에서도 트위터는 많은 도움을 줬다. 필자는 머니투데이 방송에서 '아름다운 리더들의 삶의 철학과 살아온 길'에 대해 들어보는 〈더 리더〉라는 주간 프로그램을 진행하고 있는데 여기에 트위터를 종종 활용한다.

이명박 정부의 실세로 불리는 정두언 한나라당 의원과 세계적인 디자이너인 김영세 이노디자인 대표의 대담이 그 대표적인 경우였다. 정 의원과 김 대표 두 분은 필자와 서로 맞팔로잉 관계였는데, 필자가 DM으로 두 분에게 출연해주기를 요청하고 두 분이 흔쾌히 받아들여 대담이 이뤄지게 됐다. 필자는 그 뒤로도 김영세 대표와 수시로 연락을 주고받았는데, 김 대표가 서울에서 '디자이너의 날' 행사을 열었을 때 필자를 초대해주기도 했다.

안철수 KAIST 교수가 출연했을 때에는 그에게 던질 질문을 트위터로 공모하는 방식을 취했다. 그때 트위터를 통해 접수된 질문들 가운데 채택된 것 중에 이런 질문이 있었다.

"우리나라가 창의적인 것을 발전시키기에는 아직 인프라가 부족한데 개인들은 어떤 자세를 가져야 하는지요?"

필자는 이 질문을 그대로 안 교수에 던졌고, 안 교수는 미국 유학생이 창의성이 부족해 학업에 어려움을 겪은 사례를 예로 들고 이렇게 말했다.

"혁신적인 아이디어는 기존의 것을 변형한다고 생기는 것이 아니며, 완전히 다른 방법을 생각해보거나 아주 근본적인 질문을 던져야 떠오른다. 이런 관점에서 개인들은 통상적인 것이라도 한 번 더 질문을 던져보고, 아주 비효율적이고 말도 안 되는 것도 자기 나름대로 시도해봐야 한다."

이는 트위터 유저와 안 교수 사이의 질의응답을 필자가 중개한 사례다.

윤석금 웅진그룹 회장의 경우는 그룹의 회장인 만큼 대담을 성사시키기가 쉽지 않았다. 하지만 필자는 웅진그룹의 홍보 관계자와 대화를 나누면서 필자가 트위터 활동을 활발하게 한다는 점을 강조했고, 그 분이 그 점에 대해 필자를 긍정적으로 평가하면서 윤 회장과의 대담을 적극적으로 주선해주어 결국 대담이 성사됐다.

트위터를 통해 알게 된 IT 전문가들을 연결해 머니투데이 방송에서 특별대담을 진행한 일도 있다. 애플이 아이폰을 한국에서도 팔기 시작할 때 필자는 스마트폰이 가져올 변화 및 그와 관련된 미래전망에 대한 심층토론 프로그램을 긴급히 제작하고 싶었다. 그래서 곧바로 필자의 트위터 친구인 IT 개발자 김성주 이네스닷컴 대표(@kimseongjoo)와 프로그램의 내용과 출연진에 대해 협의에 들어갔다. 김 대표의 섭외로 역시 개발자인 항태욱(@taeuk), SK텔레콤의 배성호 부장(@afterDigital) 등이 프로그램에 참여하기로 했다.

특히 이 프로그램은 트위터를 통해서도 생중계됐다. 그 방식은 트위터를 통해 실시간으로 시청자들의 반응을 출연진에게 전하고 그들로 하여금 시청자들의 질문에 응답하게 하는 것이었다. 트위터가 생방송에 처음으로 활용된 셈이었다. 트위터를 통해 이 방송을 본 시청자는 1144명에 달했다.

지금까지는 필자가 트위터를 통해 업무에 도움이 되는 정보나 콘텐츠를 얻은 사례에 대해 얘기했다. 그 다음으로 얘기하고 싶은 것은 내가 목격한 것이나 갖고 있는 정보를 트위터 팔로어들에게 제공한 사례다.

필자는 언론에서 일하다 보니 근무시간 중에 국내외 경제와 증권시장, IT 등에 관한 속보를 접하게 되면 그것을 트위터에 올려 많은 유저들과 공유하는 데 흥미를 붙이게 됐다. 필자가 일하는 머니투데이방송 MTN과 관계회사인 머니투데이에서 보도하는 뉴스를 트위터에도 많이 올리는 편이다. 머니투데이는 경제 및 금융시장과 관련된 속보와 심층보도에서는 온라인 경제매체 가운데 1위이기 때문에 그와 같이 실시간으로 뉴스를 전달하는 것이 유저들에게 크게 도움이 될 것이라고 믿기 때문이다.

예를 들어 '한은, 금리 동결' 같은 속보를 비롯해 경제 및 시장과 관련된 정보를 트위터를 통해 바로바로 제공하면 필자를 팔로하는 유저들은 RT를 통해 다른 유저들에게도 그것을 전달한다. 그렇게 속보가 전해지는 과정을 지켜보고 있노라면 나 나름대로 트위터 친구들에게 도움을 주었다는 생각이 들어 뿌듯함을 느끼게 된다. 또한 필자는 트위터를 통해 특정한 이슈에 관심이 많은 유저들과 토론을 해보기도 하고, 전문가로부터 그 이슈에 관한 조언을 듣기도 한다.

2010년 5월 9일 필자는 하루 전에 영국의 〈이코노미스트〉가 웹사이트에 올린 '그리스발 재정위기 공포'라는 글을 KDI가 요약해 번역한 글을 트위터에 올렸다. 그러자 포르투갈에 사는 교포 한 분(@pietracha)이 포르투갈의 상황을 다음과 같이 트윗으로 보내왔다.

"@pietracha 그럼에도 불구하고 대부분의 기업체 사장님들은 이미 리스본에서 파티 중입니다. 저녁에 벤피카 팀의 리그 우승 여부가 판가름 나는 경기가 있어서…. 국민의 60%가 벤피카 팬입니다."

조금 뒤에는 다른 유저가 이런 질문을 올렸다.

"근데 포르투갈은 뭐 해서 돈 버나요?"

이에 대한 포르투갈 유저의 답변은 다음과 같았다.

"@pietracha @nschoi03 포르투갈은 관광수입 의존도가 높고, 현지인이 자랑하는 것은 포도주, 커피('델타'가 유명), 코르크 등…. 음식에 대한 자부심도 강합니다. 경쟁보다 여유를 즐기는 국민성. 무어가 지배하던 시절에 아랍계와의 혼혈이 상당히 진행."

짧은 시간에 포르투갈의 경제상황에 관한 정보가 오간 것이다.

필자는 〈월스트리트저널〉이나 〈파이낸셜타임스〉와 같은 해외 경제신문이 보도한 내용도 유저들이 관심이 가질 만한 것이면 그것을 간추려 트위터에 올린다. 해외의 경제나 금융시장에 관한 뉴스를 필요로 하는 다른 분들보다 내가 그것을 더 빨리 본 것일지도 모르니, 내가 본 것을 그런 분들과 공유하기 위해서다. 예를 들면 필자는 이런 식의 트윗을 올린다.

"유럽 정부의 긴급 금융지원 패키지 발표로 유럽 증시가 급등세네요. 상승률은 파리 5.9%, 프랑크푸르트 3.4%, 런던 3.3%. 금융주가 상승 주도. 오늘 밤에는 뉴욕이 좋을 거 같고, 내일에는 우리도 긍정적인 영향 받을 듯."(2010년 5월 12일 오후 6시).

해외에서 일어난 경제위기의 와중에서 급박하게 전개되는 시장의 붕괴와 해당 국가 정부의 긴급대책 발표 등에 관한 외신 속보는 우리도 시간을 다퉈 알아야 하는 정보다. 그런 만큼 필자가 트위터를 통해 그런 정보를 간단간단하게 나마 전달하면 그것을 유용하게 이용하는 유저들이 반드시 있을 것이다.

이렇게 볼 때 트위터는 업무에 필요한 정보를 얻는 창구도 되고, 거꾸로 업무를 하다가 얻은 유용한 정보를 다른 사람들과 공유하는 창구도 된다. 이런 기능을 통해 트위터는 생산적인 역할을 효율적으로 하고 있는 것이다.

트위터 중독, 섹스보다 즐겁다?

트위터가 많은 사람들의 사랑을 받는 것은 무엇보다도 좋은 친구들과 즐거운 대화를 나누며 소통할 수 있게 해준다는 점 때문일 것이다. 그러다 보니 트위터를 하는 사람이면 누구나 시간 가는 줄 모르고 트위터에 빠질 때가 있다. 나 또한 마찬가지다. 일상에서 울적한 일이 있을 때 트위터에 늘어가 유쾌한 대화를 하다 보면 현실의 힘든 일을 잊게 되어 트위터에서 나올 때에는 기분이 전환된 상태가 되곤 한다.

트위터를 즐기는 분들의 이야기를 들어보면 대개 비슷한 경험을 하는 것 같다. 특히 아이폰이나 블랙베리 같은 스마트폰이 나온 뒤로는 언제 어디서나 트위터를 할 수 있게 되어 '유비쿼터스 트위터 시대'가 열렸다. 그러다 보니 우스갯소리로 '트위터 중독'이니 '트위터 폐인'이니 하는 말도 나왔고, 트위터가 실제로 업무에 장애가 되기도 하고 트위터 중독이 문제라고 주장하는 이들도 있다. 실제 상황은 어떨까?

최근에 미국에서 나온 재미있는 연구결과를 보자. 가전제품 쇼핑 사이트를 운영하는 레트레보라는 회사가 트위터나 페이스북 같은 소셜미디어를 이용하는 1천 명을 대상으로 설문조사를 실시했다. 이 설문조사에서 어찌 보면 충격적이고, 달리 보면 아주 재미있는 결과가 나왔다.

남녀가 성관계를 갖는 도중에 트위터나 페이스북에 자기 앞으로 글이 오면 바로 그것을 보겠느냐는 질문에 그러겠다고 응답한 사람들이 7%나 됐다. 나이가 25세 미만인 젊은이나 청소년들은 11%, 그러니까 열 명 중 한 명꼴로 잠시 성관계를 중단하고 트위터나 페이스북에 올라온 글을 보겠다고 응답했다.

남녀가 서로에 집중해서 은밀한 사랑을 나누는 행위도 트위터나 페이스북 앞에서는 맥을 못 추는 것이다. 이러니 "트위터가 섹스보다 더 좋다"는 말까지 나온 것이고, 그렇다 보니 중독성 문제가 거론되는 것이다.

다른 통계를 보자. 소셜미디어 이용자 가운데 절반 가까이가 침대에서도 트위터를 들여다보고, 40%는 식사 중에도 그렇게 한다. 아이폰을 갖고 있는 트위터 이용자 가운데서는 세 명 중 한 명 정도(28%)가 아침에 침대에서 눈을 뜨자마자 트위터를 열어 보고 네 명 중 한 명은 아침뉴스를 트위터에서 확인한다고 한다. 이쯤 되면 트위터 중독이라고 얘기할 수 있지 않을까? 그러나 잠깐, 판단을 유보하고 좀더 살펴보자.

필자의 일상에서 트위터가 어느 정도의 비중을 차지하고 있고 어떤 역할을 하고 있는지를 확인해보기로 한다. 필자의 '트위터 24시'는 다음과 같다.

2010년 5월 12일. 아침 7시 11분에 눈을 뜨자마자 간밤에 잠들기 전에 침대 옆에 놓아둔 아이폰을 집어 든다. 일단 뉴욕증시가 어떻게 끝났는지, 중요한 경제뉴스가 뭔지를 경제매체들이 보낸 속보문자로 확인한 다음에 아이폰의 애플리케이션 심플리 트윗(Simply Tweet)을 누른다. 이게 열리면 밤사이에 나에게 온 공개, 비공개 트윗들을 확인한다.

대부분 내가 어제 올린 글에 대한 반응이거나 내가 어젯밤에 잠들기 전에 "굿 나잇!" 하고 인사한 것에 대해 "잘 자라!"고 응답한 글이다. 밤새 올라온 글들을 읽은 다음에 침대에서 일어나 앉은 자세로 아침인사를 한다.

"눈 뜨고 일어나 침대 위 트윗입니다. 아이폰은 어른을 아이로 만드나 봅니다. 침대에서 벗어나기가 쉽지 않네요 ㅎㅎ. 굿 모닝에 이어지는 화사한 날씨 만끽하는 하루 되세요."

이 인사가 나가자마자 다른 유저들이 '굿모닝!' 등으로 화답해온다. 그 가운데 한 분이 "이것은 베드신? ㅋ" 하고 농담을 걸어온다. 나도 즉시 "헉, 들켰네요" 하고 응수.

이렇게 해서 웃으면서 기분이 상쾌해졌지만, 나는 여전히 침대에 머물러 다시 트윗을 올린다.

"나한테 유일하게 주어진 2010년 5월 12일, 어떤 일들이 펼쳐질지…. 달랑 한 장 주어진 화폭인 만큼 저랑 같이하는 분들과 고운 색깔로 같이함이 행복임을 아름다운 그림으로 그리고 싶네요. 일생의 명화가 나오는 하루가 되시길!"

'베드신 트윗'은 여기까지. 트위터로 좋아진 기분을 지렛대 삼아 몸을 일으켜 세우고 출근준비에 들어간다. 아이폰이 생긴 뒤로 아침에 달라진 점은 화장실에 있는 동안 신문을 읽기보다는 트위터를 통해 간밤의 뉴스를 파악한다는 것이다.

이번에는 아까 침대에서 내가 한 인사에 응답해온 분들과 잠시 대화를 나눈다. 트위터 소통은 그야말로 때와 장소를 가리지 않는다!

7시 40분쯤 차를 몰고 집을 나선 나는 여의도에 있는 회사로 향한다. 가다가 좋은 경치를 만나면 트위터 친구들에게 보여주기 위해 사진을 찍기도 하지만 오늘은 이것을 생략한다. 8시 15분쯤 회사에 도착한다.

내 자리에 앉으면 우선 8시 30분에 고정적으로 열리는 아침회의 준비를 해야 한다. 이것은 오늘 하루 내보내야 할 방송을 준비하기 위한 회의다. 우선 후배 기자와 직원들이 정리해 놓은 뉴욕과 유럽 증시의 마감상황과 밤사이에 발생한 주요 국제경제 뉴스를 챙겨본다. 그런 다음에 아침회의를 주재한다. 30분 정도 지난 9시에 회의를 마치고 다시 내 자리로.

바로 이때부터 업무와 트위터가 혼합된 나의 일과가 정식으로 시작된다. 일반 기업에서 일하는 사람들과 달리 미디어 회사에서 일하는 나는 아무래도 '트위터 친화적'이다. 나에게는 트위터가 업무와 무관하지 않다. 오히려 트위터가 업무와 연관되는 수준이 상대적으로 높다. 그래서 트위터와 업무를 병행하는 게 가능하다.

내가 하는 일은 경제와 시장에서 시시각각으로 일어나는 일들에 관한 뉴스를 따라가면서 방송의 방향을 정하고 그 방향에 맞게 방송을 제작해 내보내는 일종의 리얼타임 업무다. 그래서 내 앞에는 항상 텔레비전 3대가 동시에 켜져 있다. 컴퓨터도 듀얼 스크린으로 켜놓고 뉴스 사이트와 이메일을 비롯해 창도 여러 개 열어놓은 채 일을 한다.

게다가 기자나 직원들과 수시로 직접 얼굴을 맞대고 업무협의를 하기도 하지만 대부분의 시간에는 메신저로 그들과 쌍방향 대화를 한다. 업무보고를 받거나 업무지시를 내리는 일도 거의 메신저로 한다.

이처럼 내가 하는 일의 대부분이 온라인으로 순간순간 정보를 주고받고 대화를 나누는 방식으로 이루어지다 보니 거기에 트위터 하나를 더 얹는 것이 사실 어려운 일은 아니다.

자, 이제부터는 내가 일을 하는 도중에 어떤 트윗을 올리게 되는지를 이야기해보자.

오전 9시에 증시가 시작된다. 이틀 전에 유럽의 밀썽꾸러기 나라 그리스에 대규모 자금지원을 하기로 했다는 유로존 당국의 정책이 발표됐을 때에 시장이 아주 긍정적인 반응을 보였다. 그런데 불과 하루만에 '유로존, 그래도 불안하다'는 인식이 확산되면서 미국과 유럽의 주가가 다시 떨어졌다.

이런 상황이 밤사이에 들어온 해외증시 소식들에서 그대로 드러난다. 그 소식들을 간추려 짧게 요약해서 트위터에 올린다. 경제와 주식시장에 대한 관심이 큰 분들을 위해. 그러고는 이렇게 덧붙인다.

"역시 시장은 변덕스럽죠? 유럽 당국의 자금지원 발표에 급등한 지 하루 만에 시장은 시큰둥. 유럽은 이제부터 지리한 조정과정이 시작될 텐데 진통이 많겠죠? '그리스 위험 방치시 미국 은행에 치명적'이라는 버냉키의 발언, 주목할 만하네요."

이어 오늘 예정돼있는 경제와 시장 관련 주요 일정을 트윗으로 올린다.

사실 이런 일정과 같은 경제정보 트윗은 머니투데이가 운영하는 머니트윗에 먼저 올린다. 그러면 트위터에는 자동으로 올라가게 돼있다. 이렇게 설정을 해놓은 것은 내 트위터 친구들에게 정보를 제공하면서 그와 동시에 머니트윗의 활성화에도 기여하고자 하는 생각에서다.

오늘은 일정정보 트윗을 두 건 올린다.

"오늘 금융통화위원회 열립니다. 금리 동결이 유력한데, 인상을 시사하는 발언이 나올지가 관건이네요. 11시 20분쯤부터는 한은총재 간담회. 머니투데이방송에서 생중계합니다."

"오늘은 방통위에서 종합편성채널과 보도채널 선정 로드맵 발표, 저녁엔 전경련 회장단 회의 등 관심 가질 만한 경제일정이 있습니다."

오늘은 증시에서 주목받는 삼성생명의 상장이 실시되는 날. 삼성생명 주식은 워낙 대표적인 보험주인 만큼 시초가가 어떻게 나올지가 관심거리다. 증시에서 거래가 시작된 9시 정각, 시초가는 11만 9500원으로 정해졌다. 나는 이 소식을 트위터로 신속하게 전한다.

이어 머니투데이와 머니투데이방송이 생산해낸 기사 가운데 유저들이 관심을 가질 만한 것들을 골라 트위터로 전한다.

"구글과 버라이즌, 아이패드에 대항해 태블릿 PC 만든다."

"빚 내서 증권투자 하는 분이 다시 많이 늘어나네요. 신용과 미수 잔고 올 들어 최고치. '깡통계좌' 주의보!"

업무를 처리하다가 잠깐 틈을 내어 이메일을 들여다보니 좋은 글귀가 들어와 있다. 나 혼자 알고 있기가 아까워 그 글귀를 복사해 트위터에 갖다 붙여 포스트한다. 그러자 공감하는 분들이 RT로 다른 분들에게 전파한다.

"지금 이 순간만이 우리가 무엇이든 할 수 있는 유일한 시간입니다. 지금이 가장 소중합니다. 지금 여기에 우리와 함께하는 사람들이 가장 귀중한 이들입니다. 지금 우리가 하는 일이 가장 중요한 일입니다." (이주연의 산마루서신)

9시 56분. 금융통화위원회가 예상대로 기준금리를 동결했다고 현장기자가 전해온다. 일단 속보처리가 잘 되는지를 지켜본 다음에 트위터에 "한은 기준금리 동결, 예상대로"라고 올린다. 이 역시 트위터 친구들에 대한 경제정보 서비스다.

10시 26분. 포르투갈에 사는 교민이 얼마 전에 내가 물어본 포르투갈의 인사말에 대해 답변을 보내왔다.

"@pietracha: @nschoi03 지난번에 아침인사 물어보신 거 답을 안 했군요. BOM DIA. 여기서는 '봉디아'로 발음하는데 브라질에서는 '봉지아'라고 한다더군요."

5분 뒤. 머니투데이방송이 주관하는 행사에 참여해줄 것을 독려하는 트윗을 올린다.

"제가 일하는 머니투데이방송에서 네티즌 광고투표를 진행 중입니다. 들어

오셔서 맘에 드는 광고를 꾹 누르시면 됩니다. 경품 있습니다. 링크 http://j.mp/cZaMks."

이 공지 트윗을 보고 투표를 했다는 유저들의 답변이 이어진다.

11시 반이 넘어 오전시간의 막바지에 김중수 한은 총재의 기자간담회가 머니투데이방송을 통해 생중계된다.

한은 총재가 밝히는 경제진단은 매우 중요한데 생방송을 못 보는 시청자들이 적지 않을 것 같다. 나는 생방송을 보면서 중요한 발언이 나오면 그때그때 속보 형식으로 트윗으로 올린다.

"〈한은 총재 기자간담회 생중계〉'금리에 대한 남의 얘기는 다 참고자료에 불과.' 최근 기획재정부의 금리 언급에 관한 질문에 대한 답변으로."

"〈한은 총재 기자간담회 생중계〉'유로화, 중장기적으로 지금보다 더 강해지기 어려울 것.' '유럽 경제의 어려움, 앞으로 다른 데보다 클 것.'"

"〈한은총재 기자간담회 생중계〉 김중수 한은 총재 '하반기 이후 물가압력 높아질 것.'"

오전업무가 끝나면서 그와 동시에 나의 오전 트위터 활동도 종료. 오늘은 다른 경제방송에서 일하는 후배와 점심을 같이 했다.

신록이 무성한 여의도를 누비며 회사로 돌아오는 길에 도심 속 작은 숲길이 눈에 들어와 트위터에 올릴 요량으로 아이폰으로 촬칵!

회사에 들어와 잠시 휴식한 뒤 업무시작 전에 그 사진을 올린다.

"여의도 쉼터입니다. 링크 http://yfrog.com/16qgoej."

그러다 보니 신록이 불러일으킨 흥에 겨워, 머리속에 떠오르는 단상을 짤막한 글로 풀어내어 유저들과 공유한다.

"도심의 신록, 어릴 적 동네어귀 플라타너스 밑 추억이 그 초록빛 결을 타고 떠오릅니다. 초록은 증시에서는 내림입니다. 그래서 초록 밑에 서면 자기를 내려 차분해지고, 세상을 풍성하게 안을 수 있는 여유가 생깁니다. 동심의 추억이 마음을 말랑말랑하게 해줍니다."

오후 한 시 반이 넘어 필리핀에서 온라인으로 한국 학생들에게 영어를 가르치고 있는 델리사(Delisa) 양이 인사를 건네오는 것을 보고 감사의 답장!

"@delisateacher (smile) Thank you so much Delisa. God bless you!!!"

잠시 뒤 직원인 피디가 급히 와서 보고를 한다. 얼마 전에 녹화해 방송한 기업인 대담 파일을 인터넷에 올렸더니 악성 댓글이 많이 올라와 그 기업인은 물론이고 다들 곤혹스러워하고 있다는 보고다.

생각할수록 그런 인터넷 분위기에 화가 난다. 칠전팔기의 자세로 어렵게 노력해 이룬 성공을 놓고 그렇게 폄하하는 게 우리의 현재 모습인가 생각하니 자괴감마저 든다.

그래서 그런 울적한 기분으로 트윗을 올린다.

"○○○ 회장의 성공기가 담긴 대담기사가 ××코너 메인에 걸렸는데요, 일부 분들이 그분의 개인 프라이버시까지 건드리는 댓글을 달아 난감한 상황. 5평 식당으로 시작해 큰 기업을 일군 그분의 성공을 축하해주는 분위기, 이런 건 안 되나봅니다. ㅠㅠ"

그러자 악성 댓글의 폐해를 지적하는 답글이 속속 올라온다.

오늘 오후에는 매주 월요일 방송되는 〈더 리더(The Leader)〉 프로그램의 녹화가 예정돼있다. 신생 증권사인 IBK투자증권의 이형승 대표와의 대담이다. 이 회사가 있는 여의도 63빌딩으로 촬영장비를 가지고 이동한다. 녹화 전과 후에도 트윗을 올린다.

"63빌딩 14층에서 바라본 한강…. 오늘은 IBK투자증권 이형승 대표와 대담합니다. 40대의 젊은 CEO와 대담하기 직전입니다."

"이형승 IBK투자증권 대표와의 대담을 마쳤습니다. 젊고 잘생긴 분입니다. 트위터도 하십니다. 아이디는 @hyungslee."

녹화를 마친 뒤 회사로 돌아와 밀린 업무를 처리하다가 다시 트위터를 연다.

"저는 어딜 가든 트위터 얘기 합니다. 어젯밤 친구들과의 모임에서도 늦기 전에 트위터 해라, 그 소통을 이해하지 못 하면 안 된다 하고 목 놓아 외치기도 ㅎㅎ. 오늘 이형승 IBK투자증권 대표와의 대담에서도 그분이 트위터를 하신다고 해서 아군을 만난 듯 기쁨이 물밀 듯."

오후 3시 50분. 친한 트위터 동생이 엑셀 사용법에 관한 질문을 올린다. 답을 모르는 나는 다른 친구들에게 RT를 해준다. 그러자 집단지성으로 문제가 해결되는 과정이 이어진다.

"이렇게 어려운 건 패스. 알게 되면 나한테도 좀 적선을! ㅎㅎ. RT @HyemiC2: 엑셀에서 세로로 써있는 것을 가로로 만들려면 어케해야 되나요?"

트위터 친구들이 답을 주기 시작한다.

"복사 누른 뒤 선택해서 붙이기 명령어 누르면 가로세로 바꿔서 붙이기 기능 있습니다."

"선택하여 붙여넣기를 사용하시면 '행과 열'을 바꾸실 수 있을 겁니다."

짧은 시간에 그 트위터 친구는 자신이 필요한 정보를 다른 친구로부터 전달받은 것이다. 얼마나 효율적인가? 트위터가 없었다면 그 친구는 이 사람 저 사람 찾아다니거나 엑셀을 잘 아는 사람을 우연히 만나게 될 때까지 기다려야 했을 것이다.

시간이 좀 흐른 뒤에 머니투데이방송의 '여의도 경제버스' 행사에 참여해보라고 독려하는 공지 트윗을 올린다. 이것은 무료행사인데다 내용도 알차니 트위터 친구의 자녀들에게도 유익한 행사일 것이라고 판단했다. 이 공지 트윗에 몇 분의 주부들이 관심을 보인다.

"〈학부모/교사님 대상〉 저희 회사는 학생들 금융교육을 위해 '여의도 경제버스'를 운영하고 있습니다. 금융기관을 견학하고 방송체험도 하는 좋은 기회입니다. 무료입니다. 학교 단위로 신청을 받습니다. 참고하세요. http://j.mp/cpjicG."

남은 일과가 죽 이어진다. 저녁에는 7시에 명동에서 번개가 예정돼있다.

업무를 다 마치고 다소 늦게 약속장소에 도착한다. 오늘 모임에는 나를 포함해 영화배우 김현아 씨(아이디 @ActressK), 은행 간부, 건설회사 대표, 디자이너, 특수교육 교재개발 연구원, 대학원 재학생 등이 참석했다. 매우 즐거운 시간이다.

모임 중간에 김현아 씨가 아이폰으로 인증샷을 찍어 트위터에 올린다.

"@TheBestActress: 번개 중 한 컷. http://spic.kr/x9jq3N."

일차 일식집과 이차 커피로 이어진 모임이 12시가 다 돼서야 끝난다. 집에 도착해서는 번개에 참석한 친구들에게 즐거웠다고 인사하는 글을 올린 후 '굿나잇' 트윗으로 하루를 마무리한다.

"하루 일과와 번개 일정을 다 끝내고 이젠 잠시 몸과 마음을 쉼의 자리에…. 굿 나잇! 편안한 밤 되세요."

하루 동안 내 회사생활과 트윗활동은 이렇게 맞물려 돌아간다. 업무, 생각, 일이 따로따로 노는 게 아니라 서로 상당히 밀접하게 연결된 고리를 이으며 돌아간다.

낮에는 주로 머니투데이방송과 관계회사인 머니투데이가 생산해내는 유용한 기사를 트위터 친구들에게 알린다. 미디어 종사자가 갖고 있는 이점을 활용해 다른 유저들과 뉴스와 정보를 공유하고 싶어서다. 증시를 많이 다루는 방송을 하는 입장이다 보니 시장에 관한 정보를 자주 올리게 되고, 유저들과 증시상황에 대한 토론도 자주 하는 편이다.

필자는 특히 속보를 트윗으로 올리는 경우가 많으니 적어도 필자를 팔로하는 트위터 친구들은 뉴스를 신속하게 받아볼 수 있다. 아울러 녹화방송 등 외부의 일정이 있으면 그 일정에 대해서도 알려주기 때문에 트위터 친구들은 자연스럽게 필자가 무슨 일을 하고 있는지를 실시간으로 알 수 있다.

이날은 밤에 번개가 있었기에 '야간 트위터 활동'에 대한 언급이 적었지만, 필자는 야간에는 사색의 결과물이나 독서를 하다가 발견한 좋은 문장을 자주 올린다.

결국 이제 트위터는 필자가 아침에 눈을 뜨면서부터 밤에 잠을 잘 때까지 같이 붙어다니며 생활을 함께 하는 삶의 동반자가 됐다. 일상적으로 다른 사람들과 소통하는 수단이 되고, 남들과 정보를 주고받는 창구가 되고, 친구들과 만나는 광장이 된 것이다.

자, 그러면 여기서 다시 트위터 중독 문제로 돌아가자. 위에 소개한 필자의 하루 생활을 본 독자 가운데 필자가 트위터에 중독된 상태라고 생각하실지 아닐지가 궁금하다. 헤비 유저들은 스스로도 농담 반 진담 반으로 자신이 트위터에 중독된 것 아니냐고 말하곤 한다.

그렇다면 '트위터 중독'이 사용가능한 말인지를 짚어보자. 중독의 사전적 의미는 다음과 같다.

1. 생체가 음식물이나 약물의 독성에 의하여 기능장애를 일으키는 일.
2. 술이나 마약따위를 지나치게 복용한 결과 그것 없이는 견디지 못하는 병적 상태.
3. 어떤 사상이나 사물에 젖어버려 정상적인 판단을 할 수 없는 상태.

이 세 가지 가운데 첫 번째와 두 번째 정의를 적용해 트위터 중독을 얘기하는 것은 적절하지 않은 게 자명하다. 세 번째 정의인 '어떤 사상이나 사물에 젖어버려 정상적인 판단을 할 수 없는 상태' 는 트위터 중독에 적용할 수 있을 것 같다. 그렇다면 결국 트위터 중독의 정의는 '트위터에 빠져 업무 등 평소의 활동을 정상적으로 할 수 없게 된 상태' 가 되는 셈이다.

트위터를 너무 즐겨 집안일이나 업무가 크게 방해받게 될 정도라면 그 상태는 중독이라고 할 수 있다. 연인과 둘만의 달콤한 시간을 갖는 동안에도 트위터를 더 앞세울 정도라면 그것은 분명 중독이다. 회사원이 업무를 소홀히 하면서 트위터에만 매달려 있으면 그것도 중독이다. 가정주부가 트위터에 빠져서 집안일이 엉망이 된다면 그것도 중독일 것이다. 하지만 이런 경우들은 극단적인 사례라고 할 수 있다.

우선 트위터는 술이나 마약과 달리 사람의 몸이나 정신에 해로운 것이 아니다. 트위터를 한다는 것은 기본적으로는 소통을 하는 것이고, 정보를 교환하는 것이고, 인맥을 쌓는 것이다. 사람들이 트위터를 좀 과다하다 싶을 정도로 한다고 해도 그것이 개인, 기업, 사회에 주는 유익함이 있다.

특히 '군중 속의 고독' 을 멍에처럼 짊어지고 살아가는 현대인들이 트위터로 온라인 소통을 하고 그 연장인 오프라인 번개도 하면서 서로 어울려 옛 마을 주민들처럼 공동체성을 느끼게 되면서 사회가 더 따뜻해진다고 보면, 트위터가 가진 순기능이 크다고 말할 수 있을 것이다. 사실 많은 사람들이 트위터에 열광하는 이유가 바로 여기에 있다.

또한 트위터를 하면 거기서 많은 정보를 얻게 되기 때문에 이메일이나 웹서핑을 하느라 보내는 시간이 크게 줄어들게 된다. 다른 데 쓰던 시간의 일부가 트위터를 하는 데로 옮겨지는 셈이다.

물론 트위터를 하는 시간이 절대적으로 많아지면 업무에 방해가 될 수도 있다. 트위터를 즐기는 많은 사람들이 공통적으로 하는 말 가운데 하나는 독서시간이 줄었다는 것이다. 트위터를 하기 시작한 지 얼마 안 되는 사람들의 경우에는 트위터가 업무에 방해가 될 수 있다. 트위터라는 흥미로운 새로운 서비스에 빠질 수 있기 때문이다.

이런 문제를 극복하기 위해서는 자제력을 발휘해 업무와 트위터를 조화시켜 나가는 노력을 유저들 각자가 나름대로 기울이는 것이 필요하다. 필자는 업무와 무관한 트위터는 점심시간, 업무가 마무리된 뒤, 밤, 주말에 많이 하고, 업무시간에는 트위터를 통해 업무에 관련된 정보교환이나 대화를 주로 하는 편이다. 이런 식의 구분을 해서 지키고 절제력을 잃지 않으면 트위터의 중독성은 별로 문제가 되지 않는다.

독서시간이 줄어든다는 문제는 유저들이 책을 보는 대신에 트위터를 하기를 선택한 것이지 중독과는 무관하다고 필자는 생각한다. 트위터를 통해서도 많은 글을 접하게 되기 때문에 트위터로 인해 독서시간이 줄어들었다고 해서 읽는 글의 양이 줄어든 것이라고 말할 수는 없다.

결국 과유불급(過猶不及)이 핵심이다. 넘치지 않게 적절하게 하면 되는 것이다. 업무에 많이 사용되는 메신저를 생각해보자. 메신저도 처음에는 채팅을 하는 수단으로 주로 사용되어 업무에 방해가 되는 면이 있었다. 하지만 이제는 아주 효율적이고 빠른 업무수단으로 자리를 잡았다.

필자의 직장인 머니투데이방송의 경우에도 주요 업무보고가 메신저를 통해 이루어지고, 업무와 관련된 정보의 유통도 메신저를 주된 창구로 해서 이루어진다. 물론 메신저를 통해 업무와 무관한 잡담도 오가겠지만, 더 큰 유익을 위해 작은 비용은 얼마든지 감수할 수 있는 것이다. 누구도 메신저에 대해 중독 문제를 얘기하지 않는다.

시간이 좀더 흐르면 트위터의 경우도 똑같은 상황이 될 것으로 필자는 생각한다. 큰 흐름으로 보아 트위터는 효율성, 개방성, 투명성을 높이는 소통의 새로운 인프라로 자리를 잡아나갈 것이다.

그래서 일각에서는 중독 문제가 실제로 나타나더라도 트위터의 역할과 기능 전체의 효용에 비해서는 그 중독 문제는 무시할 만한 정도의 부작용에 그칠 것이라고 필자는 예상한다. 트위터 중독 문제에 대해 과민하게 반응하지 말아야 하는 이유는 빈대를 잡자고 초가삼간을 태울 수는 없는 이치와 같다.

다만 연인들이여! 둘만의 은밀한 시간에는 부디 트위터는 접고 서로에게 열중하시라!

트위터 안에서 도대체 무슨 일이

2010년 5월 현재 전 세계적으로 트위터 이용자는 1억 4600만 명. 우리나라의 트위터 이용자는 40만 명을 넘어섰고, 연말에는 100만 명 수준에 이를 것으로 예상된다.

트위터는 한번 그 재미를 알기 시작하면 중독이 문제가 될 정도로 빠져들 정도의 매력을 갖고 있다. 사람들이 트위터에 강하게 끌리면서 트위터 이용자 수가 급증하는 이유는 무엇일까? 연령분포로 볼 때 그동안 온라인 활동에 소극적이었던 30대, 40대가 트위터의 '열혈 팬'으로 등장한 것도 눈에 띄는 현상이다.

트위터에 제시돼 있는 메인 질문을 그대로 이용해 말해보자. 트위터 안에서 도대체 무슨 일이 일어나고 있는 것일까(What is happening)?

트위터 이용자가 급증하는 것은 무엇보다 트위터가 군중 속에서 외롭게 살아가던 사람들에게 옛 마을의 우물가와 같은 곳이 돼주어 공동체성, 즉 '우리'라는 감성을 회복시켜 주기 때문이라고 필자는 생각한다.

일상생활의 인간관계를 한번 들여다보자. 물론 가족이 가장 중요한 위치를 차지한다. 그러나 집밖으로 나오면 어떤가? 주로 만나게 되는 사람들은 직업이나 직장의 틀에서 크게 벗어나지 못한다. 물론 그들과의 만남에서 각별한 관계가 형성되기도 하지만 대부분의 경우에는 '이익사회(게젤샤프트)'적 관계를 뛰어넘기가 쉽지 않다.

자신의 속내를 드러내기보다는 감추고 냉정한 태도로 달려갈수록 더 많은 기회가 주어지는 게 우리가 매일 살아가는 사회의 구조 아닐까? 콘크리트 빌딩 사이를 오가며 '업무'라고 불리는 이익사회적 삶의 틀 안에서 이해관계를 전제로 사람들과 만나고 헤어지는 게 우리의 일상이다.

우리가 속한 문명과 비즈니스의 울타리를 어쩔 수 없이 받아들여야 한다고 해도, 그 안에서 살아가는 사람들 하나하나는 자신의 본모습을 자연스럽게 내보이며 다른 사람들과 소통하거나 휴식을 취할 수 있는 공동체적 광장을 필요로 하는 것이다.

트위터는 사람들에게 바로 그런 감성의 공간을 제공한다. 트위터에서는 나이, 지역, 직업의 벽이 허물어지고 공동체의 광장이 활짝 열린다. 생면부지의 사람들이 팔로어와 팔로잉의 관계로 얽히면서 서로 안부를 묻게 되고 위로하게 되고 친해지며, 그러다가 오프라인에서 실제로 만나게 되면서 더욱 끈끈한 관계가 된다. 트위터에서는 서로 모르던 사람들끼리 마음을 열고 정감 어린 대화를 나누다가 형, 오빠, 동생의 관계로 맺어질 수 있는 것이다.

필자가 트위터에 대해 이야기를 할 때 옛 마을의 우물가를 자꾸 거론하게 되는 것은 바로 이 때문이다. 트위터는 온라인 우물가다. 마을 주민들이 여기저기 모여 웅성거린다. 한쪽에서는 서로 안부를 묻고 잡담과 농담으로 낄낄거리다가 박장대소하기도 하고, 새로 이사 온 주민에게 반갑다고 인사를 건네고 새 주민이 전입인사를 하기도 한다. 그런가 하면 다른 한쪽에서는 분위기가 사뭇 무겁다. 정치 이야기, 경제 이야기, 세상 돌아가는 이야기를 한다. 해외 정세를 차분하게 이야기하는 사람도 있고, 국내 정치를 이야기하면서 열을 올리는 사람도 있다.

잡담에서부터 심각한 토론에 이르기까지 다양한 대화가 오가며, 그러는 동안에 사람들의 감성과 지성이 섞이고 합쳐진다. 그래서 트위터는 집단지성과 집단감성의 용광로가 된다. 하루 24시간 언제 어디서든 트위터에 들어가기만 하면 친구들과 실시간으로 대화할 수 있고 동시와 여러 사람들과 대화할 수 있다. 이런 역동적인 '실시간 복수 쌍방향성'도 트위터의 매력이다.

이와 관련해 모두가 평등한 한 표를 갖는다는 것, 다시 말해 동등한 발언권을 행사한다는 것도 트위터의 특징이다. 대기업의 총수든, 중소기업의 직원이든, 자영업자든 누구나 목소리를 낼 수 있다. 누가 위에 있고 누가 아래에 있다는 식의 수직적인 개념은 없다. 말 그대로 서로 계급장 떼고 얘기한다. 누구라도 언팔이나 블록의 대상이 될 수 있다.

이런저런 이슈에 대해 '나도 여러 사람들 앞에서 내 의견을 얘기할 수 있다'는 것이 얼마나 큰 매력인가? 더구나 유명인이 직접 하는 얘기도 이웃집 사람의 얘기처럼 들을 수 있고, 유명인이라도 나와 맞팔로잉 관계가 되면 그와 쌍방향의 수평적 대화를 할 수 있다.

정보의 양과 질이라는 측면에서도 트위터는 기존의 다른 소통창구들을 능가한다. 웹서핑은 자신이 정보를 찾아다니는 과정이고, 따라서 주제어를 미리 정해서 입력하는 방식으로 검색을 해서 그 주제어와 연결된 정보만 찾게 되는 정도였다. 그러나 트위터에서는 자신이 팔로하는 유저들이 직접 올리는 정보도 볼 수 있고, 그들이 다른 유저들의 트윗 가운데 정보로서 유용하다고 여긴 것을 RT한 것도 보게 된다.

스스로 찾지 않아도 유익한 정보가 자신의 타임라인으로 모이므로 정보획득이라는 측면에서 트위터는 상당히 효율적인 수단이다. 정보의 질도 우수하다. 트위터에는 법률, 경제, 의료, IT를 비롯해 각 분야의 전문가들이 많이 참여하고 있다. 그래서 잘못된 정보가 올라오면 피드백을 거쳐 그 정보가 걸러지거나(엉터리 정보는 RT가 거의 안 되므로 전파되지 않는다) 올바르게 수정되곤 한다. 그래서 트위터는 정확하고 다양한 정보를 앉은 자리에서 받아 볼 수 있는 정보의 보고인 것이다.

트위터와 스마트폰의 만남

필자는 아이폰이 국내에서 출시되기 몇 달 전에 더 기다리지 못하고 '연아 햅틱폰'을 덜컥 사버렸다. 그런데 아이폰이 나오고 주변에서 아이폰을 사용하는 사람이 하나둘 늘어나면서 필자는 '아이폰 상사병'에 걸리고 말았다. 결국 참지 못하고 거사를 단행했다. 약정상 남아있는 거액의 햅틱폰 잔액을 갚아나가기로 하고 아이폰으로 과감히 갈아타버린 것이다.

다양한 애플리케이션을 쓸 수 있다는 이점이 가장 돋보이는 아이폰은 나의 '트위터 역사'에 큰 변화를 가져다주었다. 아이폰 같은 스마트폰이 나오기 전에는 데스크톱이나 노트북을 통해서만 트위터를 할 수 있었다. 그만큼 시간과 장소의 제약이 있을 수밖에 없었다. 하지만 아이폰이 나온 뒤로는 시간과 장소의 제약이 없어졌다. 아이폰은 3G 통신망과 와이파이를 교대로 사용하므로 접속의 끊어짐이 없는 통신수단이기 때문이다. 이로써 트위터 애플리케이션만 다운로드해 놓으면 이제는 말 그대로 언제 어디서든 트위터 친구들과 대화를 나눌 수 있다.

‘상시 트위터 시대’가 열린 것이다. 운전 중에도 빨간 신호등에 불이 들어오면 그 사이에 잠깐 트위터를 할 수도 있고, 번개 모임에서 즉석사진을 찍어 트위터에 올릴 수도 있고, 화장실에서 신문을 보는 대신에 트위터를 할 수도 있다. 트위터가 우리의 생활 속으로 깊숙이 들어오게 된 것이다.

아이폰으로 트위터를 하는 방법은 매우 간단하다. 트위터 애플리케이션을 다운로드받아 쓰면 된다. Simply Tweet에서부터 트위터 본사가 직접 만든 Twitter, Twitbird, Seesmic, Twtkr 등 다양한 애플리케이션들이 나와 있다. 필자는 처음에는 Simply Tweet만을 쓰다가 얼마 전부터는 Twitter도 병행해 사용하고 있고, 팔로잉을 해온 분들에게 맞팔로잉하는 데는 그런 기능에서 편리한 Twtkr을 사용하고 있다.

그러면 아이폰과 트위터의 만남이 우리의 생활에 어떤 변화를 가져오는지를 다시 한 번 필자의 하루생활을 통해 살펴보자.

평일 아침 6시 30분 전후. 아이폰의 알람 소리를 들으며 침대에서 눈을 뜬다. 물론 나는 ‘새 나라의 어린이’가 아니니 당장 몸을 벌떡 일으켜야 하는 것은 아니다.

일단 손을 뻗어 아이폰을 집어 들고 트위터를 열어 밤사이에 들어온 멘션과 DM을 점검하고 타임라인을 대략 훑어본다. 그런 다음에야 몸을 일으켜 세면실로 향한다. 아침에 눈을 뜨고 제일 먼저 세상과 접하는 창구가 과거에는 신문이었지만 이제는 트위터가 된 것이다. 그것도 아이폰 덕분에 침대 위에 누운 채로.

출근하기 위해 집을 나서다가 하늘이 구름 한 점 없이 맑게 갠 것을 보고 참을 내가 아니다. 아이폰을 꺼내어 '찰칵' 한 다음에 "여러분 굿모닝! 구름 한 점 없는 하늘을 배달합니다. 행복한 하루 되세요" 하는 트윗과 함께 그 사진을 트위터에 올린다. 이로써 아침의 트위터 워밍업이 끝난다.

운전대를 잡고 회사가 있는 여의도로 향한다. 도중에 정체구간을 만난다. 신호등이 빨간 불로 바뀐 틈을 타 잽싸게 트위터를 열고 "차가 좀 밀리네요"라는 트윗을 올린 다음에 다시 앞으로!

회사에 도착해서는 일단 간밤에 들어온 국내외 주요 뉴스를 훑어본 다음에 간부회의를 주재한다. 회의가 끝나는 시간을 대략 9시. 자리로 돌아온 나는 아이폰에 깔아 놓은 애플리케이션 '세계의 명화'를 열어 고흐가 그린 〈몽마르트르의 조망〉이라는 그림을 트위터에 올려서 트위터 친구들과 공유한다.

오전업무가 끝나고 점심시간. 얼마 전부터 고기만 먹으면 두드러기가 나는 육류 알레르기가 난데없이 생겨나 샐러드 바를 자주 이용한다. 높은 건물의 꼭대기 층에 있는 샐러드 바에서 내려다보이는 여의도의 경관이 그럴듯하다. 지나칠 수 없다. 한 장 '찰칵'. 그 사진을 트위터에 올린다. 샐러드를 먹기 전에 그 사진을 인증샷으로 올리는 건 당연한 일이다.

점심을 먹고 나서 회사로 돌아오는 길에 길가의 예쁜 꽃이 눈에 들어온다. 감성을 끌어안고 사는 사나이가 이런 걸 그냥 지나치면 안 된다. 다시 아이폰의 카메라로 '찰칵'. 사진 배달은 역시 트위터로. 나는 그림이 될 만하다 싶은 것은 하루에 여러 번이라도 사진으로 찍어 트위터에 올리는 '트위터 찍사'다. 팔로어들과 사진을 공유하기 위해서다.

오후업무 시작. 오늘은 한 금융기관 CEO와 대담을 하는 날이다. 녹화를 위해 대담장소로 이동하는 도중에 "지금 OOO와 대담하러 이동 중입니다" 하고 트윗을 올린다. 그런 다음에 반응을 보이는 유저들과 주거니 받거니 대화를 한다. 대담이 끝난 뒤에는 그 CEO와 함께 찍은 사진을 트위터에 올리면서 대담 도중에 나온 유익한 얘기를 일부 소개하기도 한다.

오후업무를 마치고 퇴근하는 시간. 오늘은 직원들과 회식하는 날이다. 음식점에 가서 직원들과 식사를 하고 대화를 나누면서도 가끔 아이폰의 트위터 애플리케이션을 열어 그동안 들어온 멘션이나 DM을 확인하고, 필요할 경우에는 짧은 답장을 해준다. 회식을 하는 장면과 나온 음식을 촬영해 트위터에 올리는 건 습관처럼 되풀이되는 일이다.

집으로 돌아오면 주로 밀린 신문을 보거나 노트북으로 웹서핑도 하지만 트위터도 한다. 보통은 자정부터 새벽 1시 사이에 잠자리에 드는데, 노트북을 끈 뒤에 잠들기 전까지 아쉬움이 좀 남는다 싶으면 아이폰을 들고 잠깐 트위터를 한다. 특히 Twtkr을 이용해 그날 팔로잉해오신 분들을 맞팔로잉하는 일을 이때 한다.

아이폰과 결합된 트위터는 나의 하루가 열릴 때부터 닫힐 때까지 나와 함께하는 중요한 내 친구가 됐다. 나는 시간과 장소를 불문하고 트위터를 통해 내 글을 올리고, 다른 분들의 생각과 의견을 듣고, 내 주변의 생생한 현장을 사진으로 찍어 올린다. 그러다 보니 이제 트위터는 '나의 삶을 실시간으로 공개하는 창구'가 돼버렸다.

이메일과 블로그

트위터를 하게 된 뒤로 이메일은 종전보다 훨씬 적게만 이용한다. 그렇지 않아도 급한 대화는 이미 SMS나 메신저로 처리하게 되면서 내 생활에서 이메일의 중요성이 점점 더 낮아지던 상황에서 정보수집이나 대화에 트위터를 이용하게 되면서 이메일을 들여다볼 일이 이전보다 훨씬 줄어들게 된 것이다.

2009년 10월 13일자 〈월스트리트 저널〉에 실린 기사는 이메일의 용도가 줄어드는 현상이 하나의 사회적 흐름으로 자리 잡았음을 잘 보여준다. 이 기사는 "이메일은 커뮤니케이션 수단의 최고봉으로 군림해왔다. 하지만 그 시대는 끝을 맺었다"라고 단정했다. 사람들이 트위터와 페이스북 같은 소셜미디어를 통해 열린 소통을 하기 시작하면서 닫힌 소통수단인 이메일은 무용지물화하고 있는 것인지도 모른다.

〈월스트리트 저널〉은 인터넷을 이용하려는 의지가 있을 때 우리가 인터넷에 로그인하는 것과 마찬가지로 이메일도 이제는 그것을 이용하려는 의지가 있을 때 우리가 이용하는 것이 됐다고 지적했다. 맞는 얘기다. 필자의 경우에도 이 제는 파일을 주고받아야 하거나 뭔가 상세한 내용을 전달하거나 전달받아야 할 때에만 이메일을 이용한다. 이메일을 이용하는 시간과 빈도가 예전에 비해 크게 줄어든 것이다.

한동안 정보교환과 소통의 주축이었던 이메일의 처지가 왜 이리 옹색해졌을까? 무엇보다 이메일은 실시간 소통수단이 아닌데다가 일대일 대화수단이라는 폐쇄적인 틀의 한계를 갖고 있다 보니 '개방, 참여, 공유, 나눔' 이라는 시대정신과 거리가 멀기 때문이다.

이에 비해 트위터와 같은 소셜미디어를 이용하면 실시간으로 동시에 많은 사람들과 대화하고, 소통하고, 정보를 나누는 게 가능하다. 소셜미디어의 역동성과 다양성을 이메일은 도저히 따라갈 수 없는 것이다. 게다가 두 사람 사이의 비공개 대화도 트위터의 DM이나 페이스북의 쪽지를 이용해 힐 수 있기 때문에 웬만한 소통에서는 이메일이 필요하지 않게 됐다.

이메일이 여전히 갖고 있는 상대적인 장점은 파일 첨부가 가능하다는 것인데, 소셜미디어가 파일 첨부까지 가능하게 할 경우에는 이메일이 더 이상 설 자리가 없게 될 것 같다. 사람들이 선호하는 소통의 방식에 적응하지 못한 이메일이 자취를 감추고 화석으로만 남게 되는 날이 멀지 않았다고 하면 지나친 말일까?

필자가 트위터를 하면서 빛을 보게 된 건 필자의 블로그(blog.naver.com/nschoi76)다. 필자는 그동안 블로그 활동을 열심히 하지 않은 탓에 블로그가 사실상 '개점휴업' 상태에 있었다. 블로그에 글을 써도 찾아와 읽어주는 분들이 적다 보니 블로그에 글을 올리는 데서 재미를 느끼기 어려웠던 것이다. 그러다가 필자가 트위터를 시작한 뒤에 팔로잉해오는 친구들이 늘어나면서 필자가 쓴 글을 다른 사람들에게 전달하는 유통창구가 새로 하나 생겨난 셈이 됐다. 그러자 그것이 블로그와 연계되게 됐다.

이제는 필자가 경제나 트위터 등 관심을 갖고 있는 주제에 대해 글을 써서 트위터에 올리면서 그와 동시에 그 글과 관련이 있는 좋은 자료를 블로그에 올려 트위터 친구들과 블로그를 통해서도 공유하는 게 가능해졌다. 이러다 보니 전에는 하루에 열 명도 들르지 않는 '흉가'였던 필자의 블로그가 이제는 제법 북적거리는 '동네가게' 정도는 된 것 같다.

트위터를 통해 실시간 소통을 하게 됐고 그 덕분에 호흡이 긴 글을 블로그에 올려 공유할 수 있게 됐으니, 트위터는 필자에게 정말로 '고마운 친구'다. 아니, 보다 정확하게 말하면 트위터를 통해 알게 된 많은 사람들, 그들이 필자에게 소중하고도 고마운 친구다.

트위터의 힘!

트위터 친구가 된 후배들을 오프라인에서 대면하는 건 유쾌하고 즐거운 일. 이미 서로 '정신의 문' 인 글을 통해 정서적으로 가까워진 관계인만큼 탐색작업 없이 곧바로 흉금을 터놓고 본론으로 들어가서 폭소를 터뜨리며 소통할 수 있어 행복하다. 이는 트위터의 힘!

그동안 우리의 삶은 오프라인 관계가 선행한 뒤에 온라인 교류가 이어지는 방식이었다. 그런데 트위터와 같은 소셜미디어의 등장을 계기로 온라인에서 형성된 우정이나 친분이 풍성한 오프라인 관계로 이어지는 경우가 많아졌다. 이건 관계형성 순서의 반전이 아닐 수 없다. 이것 역시 트위터의 힘!

5장
트위터의
오늘과 내일

트위터 에티켓

"넌 왜 그렇게 XX하니?" 어느 날 갑자기 당혹스런 트윗을 받았다. 내용과 표현이 험한데다가 앞뒤 안 가리고 반말이다.

이런 유저는 거의 없는데 누구인가 싶어 사진을 보려고 했지만 사진은 올려놓지 않았다. 그저 트위터가 디폴트로 정해 놓은 새 그림만 있다. 자기소개는 있겠지 싶어 그의 홈페이지에 들어가 봤지만 자기소개도 없다. 팔로어나 팔로잉도 거의 없다. 그 유저는 아마 작정을 하고 필자에게 무례하게 군 것 같았다. '의도적인 도발'이 분명하므로 '재범'이 우려되어 곧바로 블록 조치했다.

말을 매우 거칠게 하기로 소문이 난 다른 한 분. 그래도 나는 그분의 말이 귀에 좀 거슬려도 나름대로 가끔은 경청할 만한 내용이 있기에 그분에 대한 팔로잉을 유지했다. 하지만 어느 날 그분이 완전한 육두문자로 독백과 대화를 하는 것을 보고 '이건 위험수위를 넘는다'고 판단하고 공개 트윗으로 정중히 선언했다. "참다 참다 못해 블록합니다."

트위터도 사람들이 모이는 곳이다 보니 나름대로 지켜야 할 공공질서가 있고 지켜야 할 예의가 있다. 사이버 세계에서 이루어지는 대화라고 해서 그런 이유만으로 무례한 대화가 되어서는 안 된다.

트위터는 많은 사람들이 소통하기 위해 모이는 광장인 만큼 여기서도 상대방의 의견을 존중해주고 품위 있는 언어를 사용해야 하고, 다른 사람들이 눈살을 찌푸리게 하는 행위는 삼가야 한다. 방금 소개한 두 가지 사례는 극단적이기는 하지만 가끔 실제로 접하게 되는 경우다.

그러면 트위터 유저들이 중요하다고 생각하는 에티켓은 무엇일까? 필자는 트위터를 통해 설문조사를 해봤다. 그 결과를 간추리면 다음과 같다.

1. **비속어나 무례한 언어는 사용하지 말기! 타인의 자존심을 긁는 말도 사절!**

   트위터는 많은 사람들이 모여 만들어가는 공동체이므로 예의를 지키고, 다른 유저들을 배려하는 태도를 유지해야 한다. 예를 들어 다른 사람의 의견에 반대하는 경우에 직설적으로 "터무니없는 생각"이라거나 "틀린 말"이라고 하기보다는 "이런 점도 고려해야 하지 않느냐" 정도의 우회적 표현으로 동의하지 않는다는 의견을 밝히는 것이 어떻겠는가? 가는 트윗이 고와야 오는 트윗도 곱다.

2. **두 사람 사이에 길게 늘어지는 대화나 말다툼은 가급적 DM으로!**

   특정한 사람을 상대로 해서 올리는 트윗이라도 자신을 팔로하는 다른 유저들도 그것을 같이 보게 된다. 따라서 특정한 사람에게만 전달하면 되고 다른 유저들은 읽을 필요가 없는 글은 최소화하는 게 예의다. 두 사람만의 대화가 길어지거나 두 사람 사이에 다툼이 일어난 경우에는 가급적 '잠수'를 해서 DM으로 두 사람끼리만 대화를 계속하는 것이 바람직하다.

3. **맞팔로 강요는 사절! 남의 팔로어나 팔로잉 수에 대해 왈가왈부하지 말기!**

   트위터를 할 때 민감한 사안 가운데 하나가 팔로잉이다. "나는 당신을 팔로하는데 당신은 왜 나를 외면하느냐"고 상대방에게 따지고 싶어지는 상황에 누구나 직면할 수 있다. 이런 상황에서 상대방에 대한 서운한 감정을 금세 털어버리고 신경을 끄는 유저들도 있지만, '상호수교의 원칙'에 따라 곧바로 언팔로라는 '보복조치'를 취하는 유저들도 있다. 그래도 이 정도에 그친다면 다행이다. 일부 유저들은 이런 경우에 맞팔로를 해달라고 강력하게 요구하고 나선다. 하지만 나름대로 고민한 끝에 팔로를 안 하기로 한 상대방 유저의 결정을 이해해주는 게 바람직하다. 다만 다른 유저를 팔로한 다음에 인사하면서 팔로했음을 알리고 "친구가 되고 싶다"는 정도의 말을 건네는 것은 예의에 어긋나지 않는다. 팔로잉은 각자 개인의 선택이다!

4. **무분별한 RT하지 말기! 특정인에만 해당되는 글은 RT하지 말기! RT를 이어 붙여 긴 글 만드는 것은 자제하기! (여기서 필자는 'RT시 원문을 최대한 보존하기!'도 에티켓의 하나로 추가하고 싶다.)**

RT의 예법이다. 다른 사람의 글을 너무 자주 RT하는 것은 바람직하지 않다. 유저들은 자신이 팔로하는 상대방의 생각이나 의견을 듣고 싶어 한다. 몇몇 유저들만의 대화를 무분별하게 여기저기로 RT하면 그 대화와 무관한 다른 유저들에게는 그것이 '공해'가 될 수 있다. 그러다 보면 이 사람의 글에 저 사람의 글이 추가되어 긴 RT 행렬이 만들어질 수 있다. 이렇게 하는 것은 다른 유저들의 타임라인을 지저분하게 만드는 행위이니 삼가야 한다. 필자로 서는 이에 더해 다른 사람이 쓴 원문의 일부를 수정하거나 삭제하고 RT를 하는 것은 바람직하지 않음을 강조하고 싶다. 다른 사람의 글을 RT할 때에 는 그 원문을 훼손하지 말고 그대로 보존해주는 것이 예의에 맞는다고 필자 는 생각한다.

5. 너무 많은 트윗을 한꺼번에 쏟아내는 '트윗 수다'는 금물!

트윗 수다에서 남들에게 뒤지지 않는 필자로서는 속이 뜨끔해지는 얘기다. 그러나 이렇게 하는 사람은 다른 유저의 트위터 화면에 자기 이야기만 가득 차게 해서 불편을 초래하기 쉽다. 짧은 시간에 너무 많은 트윗을 쏟아내면 팔로어가 자신의 다른 친구들이 올린 글을 읽기 어려워진다. 물론 이런 일 을 당해 불편해진 유저는 얼마든지 언팔로를 할 수 있다. 트위터 이용자들 에게 트윗을 적게 올리라고 요구하는 것이 능사는 아니다. 예의에 어긋나지 않는 범위 안에서라면 어떠한 트윗을 얼마만큼 올릴지는 원칙적으로 자유 의 영역에 속하는 것이기 때문이다.

6. 자기의 글이 아니면 소스를 밝히는 센스를!

이건 굳이 트위터가 아니더라도 글을 쓸 경우에는 누구나 당연히 지켜야 할 사항이다. 트위터에서도 남의 글을 올릴 때에는 그것이 누구의 글이나 말을 옮긴 것인지를 반드시 밝히는 것이 좋다. 이렇게 하지 않으면 표절을 하는 것이고, 정직하지 못한 것이다.

7. 정보를 올리기 전에 그 정보가 정확한지를 확인!

트위터에 올리는 정보는 연쇄적인 RT를 통해 순식간에 널리 퍼져나갈 수 있다. 그렇기에 정보를 올릴 때에는 미리 그 정보가 정확한지를 한 번 더 점검해보는 것이 바람직하다. 예의도 예의이지만, 정확하지 않거나 틀린 정보를 올리면 그것 때문에 자기 자신의 신뢰도가 실추될 위험이 있다.

트위터에서 지켜야 할 에티켓은 이보다 얼마든지 더 많이 열거할 수 있을 것이다. 그러나 트위터 에티켓도 그 기본은 실생활 에티켓과 다를 게 하나도 없다. 상대방에 대한 배려! 이것이 트위터 에티켓의 시작이자 끝이다.

유명인의 트위터

정확하게 언제였는지는 기억나지 않지만, 유명 작가인 이외수 선생께서 공개 트 윗으로 대충 이런 내용으로 기억되는 질문을 올린 적이 있다.

"사랑하는 사람이 인질로 잡혀 있는데 인질을 풀어주는 조건으로 지렁이나 굼벵이를 먹으라고 하면 당신은 무엇을 먹겠는가?"

필자는 생각을 가다듬은 뒤에 답글을 올렸다.

"질문이 잘못된 것 같습니다. 그 사람을 진정으로 사랑하느냐 안 하느냐 하 는 진실이 문제이지 사랑한다면 지렁이든 굼벵이든 뭘 못 먹겠습니까?"

그랬더니 이외수 선생께서 역시 공개 트윗으로 이런 답을 올렸다.

"조금 전에 말한 지렁이와 굼벵이는 한 마리가 아니고 한 사발입니다."

정말 재치 있는 말씀이었다. 유명 작가와 아주 짧게 나눈 그 대화는 필자로 하여금 폭소를 터뜨리게 했다.

유명인과의 손쉬운 만남과 대화, 트위터가 가져다주는 즐거움 가운데 하나다. 실생활에서는 텔레비전이나 신문, 책을 통해서나 유명 연예인, 작가, 기업인, 정치인 등을 접할 수 있다. 그러나 트위터에서는 그들이 하는 말을 직접 들을 수 있을 뿐만 아니라 그들과 대화를 나눌 수도 있고, 그들의 생각을 직접 물어볼 수도 있다.

이것은 분명히 색다른 경험이다. 실생활에서는 그런 유명인들이 나하고 수만 리 떨어져 있는 것 같지만, 트위터에서는 그들과 마주앉아 소곤댈 수 있으니 그들도 나의 다른 친구들과 다르지 않다. 팔로만 하면 유명인도 바로 내 이웃이 되는 곳이 바로 트위터 세계다.

2010년 6월 현재 트위터에서 활발하게 활동하는 유명인을 꼽으면 연예인으로는 배우 박중훈(@moviejhp), 방송인 김제동(@keumkangkyung), 김미화(@kimmiwha), 기업인으로는 박용만 두산 회장(@Solarplant), 정용진 신세계 부회장(@yjchung68)이 있다. 작가 이외수(@oisoo), 방송작가 김수현(@Kshyun), 시골의사 박경철(@chondoc), 그리고 적지 않은 수의 정치인들도 트위터를 통해 대중과 만나고 있다.

이런 이들은 시시콜콜한 자신의 일상에서부터 사회적인 현안에 이르기까지 다양한 사안에 대한 자신의 생각을 듣기에 편안한 어투로 트위터에 풀어내고 있다. 그렇기에 일반인으로서는 트위터가 아니면 느낄 수 없는 친근감을 느끼면서 이들이 하는 말을 들을 수 있다. 특히 유명인과 맞팔로잉 관계가 되면 서로 대화하는 것도 가능해지므로 더 큰 즐거움을 맛볼 수 있다.

두산그룹의 오너 경영진이 특히 트위터 활동을 매우 활발히 한다. 박용만 두산 회장이 가장 적극적인 트위터 유저이고, 박지원 두산중공업 사장과 박태원 두산건설 전무, 박진원 두산 인프라코어 전무도 트위터 소통에 참여하고 있다. '트위터 유저 오너 일가'가 생겨난 셈이다. 이들은 자신들끼리의 대화도 여과 없이 공개하고 있어 눈길을 끈다.

박용만 회장의 큰아들인 박서원 씨는 지난해 뉴욕 페스티벌과 함께 세계 3대 광고제로 꼽히는 원 쇼와 클리오 어워즈에서 한국인 최초로 수상한 데 이어 올해도 연속 수상했다. 박지원 사장이 이 소식을 트위터로 알리자 오너 일가의 축하 메시지가 잇따랐다.

박태원 전무 "축하축하축하, 계속 승승장구하길 바란다, 서원아."
박진원 전무 "추카추카! 시상식에 그 수도승 옷 입고 가는 거야?"
아버지인 박용만 회장의 반응 "쑥스…"

한번은 박용만 회장과 차남 박재원 씨가 트위터로 부자지간의 대화를 나눴다.

박용만 회장 "오늘 점심은 이거! 덕분에 흰 셔츠가 칼라 땡땡이 셔츠로."
박재원 씨 "아빠, 살찌는 재료만 골라서 들어있네요 ㅜㅜ. 튀김과 밀가루 ㅎㅎ. 셔츠 걱정보다 건강 걱정부터 하셔야죵. ㅋㅋ"
박용만 회장 "너나 잘 골라 드세요. ㅋㅋ"

일반인의 입장에서 보면 유명인도 자신과 다를 바 없다는 '동질감'을 느끼게 해주는 대화다. 평범한 가족의 소탈한 대화와 다를 바가 없는 것이다.

트위터 유저들과 격의 없는 대화를 나누어 "두산 홍보는 회장이 다 한다"는 평가를 듣고 있는 박용만 회장이 올리는 트윗은 '회장 박용만'의 말이 아니라 '개인 박용만'의 수다다. 트위터에서 박 회장은 일반인과 잘 어울리며, 스스럼없이 독백도 하고 대화도 한다.

"예전에 아침 샤워 후 베이비파우더를 거시기에 투척하고 나서 회사에 갔는데, 화장실 다녀오니 바지가 하얗게 됐기에 물수건으로 닦고 회의에 입장! 회의가 진행되며 말라서 그 부분이 점점 도로 더 하얗게 변해서 일어나지 못하고 '다들 먼저 나가!' ㅠㅠ"

"실제로 회의하며 너무 집중에서 안건을 읽다가 나도 모르게 침을 한 줄기 흘린 적이 있었슴다. 정말 시계를 되돌리고 싶었슴다. 회장의 굴욕!"

감추고 싶을 만한 것도 '과감히' 드러내는 진솔함이 묻어난다. 박 회장은 트위터에서 만난 다른 유저나 회사 직원과도 자유로운 대화를 나눈다.

한 유저 "술 잘 마시는 비결이 있나요? 맥주 한 잔에 취하는데…."
박 회장 "주량을 늘리는 길은 딱 하나입니다. 부단한 구토와 부단한 두통!!!"

한 직원 "아아아~, 아침부터 회의가 두개나 있네~, 총총총…."
박 회장 "얌마! 넌 쫄병이니까 구석대기서 멍때릴 수나 있지. 난 회의할 때마다 전원이 나를 째려본다 ㅠㅠ. 코 파고 싶어도 못 파는 신세."

2010년 5월 "두산이 인수한 미국 기업 밥캣이 유상증자를 한다더라"는 소문이 시중에 나돌자 박 회장은 트위터를 통해 "전혀 아니에요. 증자 이야기 들어본 적도 없어요"라고 부인했다. 업무와 관련된 일에 대해서도 회장이 이례적으로 직접 발언을 하고 나선 것이다.

높아만 보였던 대기업 회장이 일반인이나 직원과 이렇게 격의 없이 대화를 나누게 된 것은 박 회장 자신이 열린 마음을 갖고 있기에 가능하기도 했겠지만, 그 전에 트위터라는 간편한 소통공간이 생겼기에 비로소 가능해졌다고 봐야 한다.

재계 인사 가운데 정용진 신세계 부회장의 트위터 활동도 관심을 끈다. '얼리 어답터'로 유명한 정 부회장의 트윗은 주제도 일상에서부터 업무, IT까지 다양하다. 그는 아이폰과 아이패드 예찬론자로 알려져 있다.

정 부회장은 지방선거를 하루 앞둔 2010년 6월 1일에는 이런 트윗을 올렸다. "교육감 후보들의 공약은 일일이 살펴봐야겠어요. 정당 공천이 아니라서…. 지금 열심히 훑어보고 있습니다."

정 부회장은 면접을 잘 보는 요령을 물어온 트위터 유저에게 상세한 답변을 친절하게 해주는 모습을 보여주기도 했다.

　"면접 보실 때 유용한 팁 몇 가지 드리겠습니다. 맘 편히 가지시고 본인이 생각하는 바를 그대로 표현하시면 됩니다. 시선을 일정한 곳에 두시고, 곁눈질은 하시면 안 됩니다. 절대로 남들이 안 하는 튀는 행동도 안 하시면 좋겠습니다. 긴장된다 해도 불안해하는 모습은 별로 좋아보이질 않습니다. 당당히 임하시는 게 좋습니다. 좋은 결과 있기를 바랍니다."

　트위터가 없었다면 이렇게 대기업 부회장으로부터 직접 면접 잘 보는 요령을 듣기란 여간해서는 가능한 일이 아니었을 것이다.

　회사 업무에 관련된 사안에 대해서도 정 회장은 트윗을 올린다. 한번은 한 유저가 주가 관리가 잘 안 되고 있지 않느냐고 지적하자 자신의 책임을 거론하면서 유연하게 대답했다.

　"주가는 관리해야 되는 게 아니고, 실적과 비전으로 평가를 받아야 하는 것이라고 생각합니다. 만약 주가가 엉망이라면 IR이 문제가 아니라 실적과 비전을 챙겨야 하는 저한테 문제가 있는 것입니다. 깊이 반성하고 한번 챙겨보지요."

　대기업 경영자들이 트위터를 통해 일반인과 소통하게 된 것은 일반인의 입장에서 환영할 만한 일이다. 그들의 생각을 듣고 그들과 열린 대화를 할 수 있게 된 것은 또 하나의 중요한 소통의 물꼬가 트인 것이기 때문이다.

　하지만 이로 인해 비상이 걸린 사람들이 있다. 바로 그런 경영자가 경영하는 기업에서 홍보업무를 맡고 있는 직원들과 해당 기업을 취재대상으로 삼고 있는 기자들이다. 그동안에는 대기업 총수나 오너 경영자의 활동과 발언에 관한 언론의 보도는 기업의 홍보 관련 부서에서 정제된 내용으로 만들어 전달한 보도

자료에 의존해 이루어지거나 언론의 취재에 기업의 홍보 관련 부서가 대응하는 방식으로 이루어지는 경우가 많았다. 그러다 보니 마치 '인의 장막'이 쳐진 꼴이 되어 대기업 총수나 오너 경영자에 관한 정보는 아주 제한적으로만 언론에 보도되어 일반에 알려졌다.

하지만 트위터의 등장으로 인해 이제는 일종의 '중간 유통기구'인 '홍보'를 건너뛰어 대기업 경영자가 일반인과 직접 대화할 수 있는 길이 열린 것이다. 대기업에서 홍보업무에 종사하는 직원들의 입장에서는 자신들도 모르는 사이에 회장이, 아니면 부회장 또는 사장이 트위터로 직접 이야기를 해버리니 당혹스러운 상황에 빠지게 된 것이 사실이다.

기자들의 경우도 비슷하다. 이전에는 대기업 경영자들에 관한 정보가 잘 입수되지 않아 그들에 관한 기사를 많이 쓰지 않았으나, 이제는 그들이 직접 트위터로 소통을 하니 그들이 올리는 트윗을 수시로 확인해보고 기사화해야 할 것이 있으면 그렇게 해야 하는 부담이 생겼다. 기자들로서는 대기업 경영자들이 언제 어떤 말을 할지 모르니 계속 주시할 수밖에 없는 상황이 된 것이다.

하지만 기업의 홍보부서 직원들과 언론사 기자들은 이와 같은 부담을 지게 된 것을 어쩔 수 없는 현실로 받아들여야 한다. 대기업 경영자와 일반인 사이의 직접 소통은 앞으로 더욱 확대될 대세인 만큼 그들로서는 그런 소통의 구조에 적응하는 수밖에 없다.

기업계에서는 두산그룹 오너 경영자들과 정용진 신세계 부회장 외에 윤용로 기업은행장(@yryun), 표현명 KT 개인고객부문 사장(@hmpyo), 이해선 CJ오

쇼핑 사장(@harrimarketing), 이형승 IBK투자증권 사장(@hyungslee) 등도 트위터를 통해 직접 고객과 소통하고 있다.

앞에서 언급한 유명인 가운데 필자가 보기에 특히 인상적인 트위터 활동을 하고 있는 이는 작가 이외수 선생과 영화배우 박중훈 씨다. 팔로어가 무려 16만 명이 넘는 이외수 선생은 사색의 편린을 140자 이내라는 물리적 한계에 맞춰 수시로 트윗으로 올려 인기를 끌었다. 이외수 선생은 그렇게 올린 트윗들을 모아 《아불류 시불류》라는 제목의 책도 펴냈다.

유명 작가가 트위터를 통해 자신의 생각을 적극적으로 알리면서 독자들과 친구처럼 소통하는 것 자체가 문학계의 새로운 흐름이다. 이외수 선생은 2010년의 6.2 지방선거 때에는 유권자들의 투표를 독려하는 트윗을 여러 건 올리기도 했다.

"투표를 안 하고 놀러 가겠다는 사람들에게 썩소를 날리며 귓속말로 한마디만 해주고 싶다. '투표는 인간만이 할 수 있는 겁니다.'"

"포기해 버린 당신의 주권은 포기해 버린 순간부터 쓰레기보다 못한 가치로 전락해 버립니다."

"투표하고 오신 분들께 축복이 폭포처럼 쏟아져 내리기를."

이외수 선생은 투표를 마치고 나온 부부의 사진을 직접 트위터에 올리기도 했다.

영화배우 박중훈 씨도 트위터로 팬들과 소탈하게 소통한다. 박중훈 씨는 팔로어들에게 자신의 생각이나 느낌을 진솔하게 전하며, 자신이 출연하는 새 영화의 촬영현장 이야기를 들려주기도 한다.

예를 들어 2010년 5월 말에는 이런 트윗을 올렸다. "요새 너무 과로했더니 오늘 몸이 말이 아니네요. 혈관주사 맞고 있습니다. 에고고…." 그는 유명인의 입장에서는 감추고 싶을 것 같은 자신의 모습도 트위터를 통해 솔직하게 드러낸다.

자신의 심정을 얘기하는 데에도 주저함이 없다. 박중훈 씨는 방금 소개한 트윗을 올리기 이틀 전에는 이런 트윗을 올렸다. "어제 몹시 우울한 일이 있었다. 어제 하루 종일, 그리고 오늘 아침까지도 우울하다. 근데 조깅을 하고 나니 한결 마음이 가볍다. 조깅이 우울치료에도 좋다는 얘기가 맞는 것 같다." 유명인이기에 앞서 한 개인인 박중훈의 독백…. 이런 모습을 보여주는 그를 팬들은 더욱 친구처럼 가까이 느끼게 된다.

해외에서도 티베트의 정신적 지도자 달라이 라마, 마이크로소프트의 창업자 빌 게이츠, 전 GE 회장 잭 웰치, 트위터의 창업자 에번 윌리엄스, 소프트뱅크 회장 손정의, 미국의 방송인 오프라 윈프리, 소설가 파울로 코엘류, 노벨경제학상 수상자 폴 크루그먼, 배우 출신의 캘리포니아 주지사 아널드 슈워제네거 등 수많은 유명인들이 트위터에서 활발하게 활동하고 있다.

유명인들의 트위터 활동은 그들이 일반인에게 더 가깝게 다가오는 것이라는 점에서 주목할 만하다. 일반인의 입장에서는 유명인들로부터 직접 문자메시지를 받는 것 같은 기분을 느끼게 된다. 유명인들 스스로가 자신의 고민과 실수까지 포함한 인간적인 면모를 진솔하게 밝히면 그만큼 일반인이 그들에게 느끼는 거리감이 좁혀질 것이다. 유명인의 입장에서는 일반인들에게 자신을 더욱 널리 알릴 수 있게 해주는 효과적이고 효율적인 수단을 갖게 된 셈이다.

　유명인들의 트위터 활동과 관련해 여기서 한 가지 짚어볼 점이 있다. 유명인들은 자신의 글을 구독하는 팔로어에 대해 맞팔로해주는 비율이 한결같이 낮다. 그들의 맞팔로잉 비율은 높아봐야 5% 정도이고 1%에도 미치지 못하는 경우도 적지 않다. 일반인들은 대개 팔로어들 가운데 절반 이상에 대해 맞팔로해주는 것과 크게 대조된다. 맞팔로잉이 아닌 절대 팔로잉 건수도 한 자릿수나 두 자릿수에 그치는 유명인들도 있다. 많은 사람들이 그들의 글을 보는 반면에 그들의 트위터 타임라인에 오르는 다른 유저들의 글은 상대적으로 적은 것이다.

　사실 누구를 팔로할 것인가는 개인적인 선택의 영역에 속하는 문제다. 어떤 사람들을, 그리고 얼마나 많은 사람들을 팔로할 것인지는 각자가 자유로이 결정할 사안이고, 다른 누가 뭐라고 할 일이 아니다. 하지만 유명인들은 다른 사람들을 팔로하는 비율이 '공통적'으로 낮은 특징을 보이고 있는 것이 사실이다. 이것은 왜 그런 것이며 어떻게 평가해야 할까?

　트위터 유저들의 의견을 들어보기 위해 필자는 2010년 6월 3일 밤에 트위터에서 이 주제를 토론에 붙였다. 그것은 유명인들 스스로가 자유롭게 선택할 사안이라는 데 공감을 표시하는 유저들이 많았고, 그러면서도 유명인들이 공통적으로 팔로잉을 적게 하는 데 대해서는 많은 유저들이 불편한 감정을 토로했다.

　팔로잉은 각자가 선택할 문제이므로 유명인들이 팔로잉을 적게 한다고 해도 개의치 않는다고 답변한 분들은 대체로 그들이 그렇게 한다고 해도 소통에는 문제가 없을 것이라는 의견을 갖고 있었다. 예를 들어 다음과 같은 답변이 있었다.

"팔로잉이 많아지면 오히려 소통이 어려워진다."
"맞팔을 안 해줘도 읽고 싶은 글을 올리는 사람이라면 그의 글을 리스트에 올라오게 해놓고 보거나, 혹은 나에게 말을 걸어오는 사람에 한해 대화를 할 것이다."

팔로잉을 적게 하는 유명인들의 태도에 부정적인 입장을 보인 유저들은 유명인들이 단방향적 소통에만 익숙해져 있다는 점을 비판했다.

"유명인들이 단방향 소통에만 익숙해 지신이 하고 싶은 말은 능동적으로 하지만 남의 말을 듣는 데는 수동적이다."
"일반인들은 보통 정보공유와 소통을 위해 트위터를 하는 반면에 그들의 트위터 활동은 자신을 알리기 위한 목적이 강하다."
"자신들의 커뮤니티를 트위터에 옮겨 놓으려는 것이다."

유명인들이 맞팔로잉을 잘 하지 않는 것에 대해서는 필자도 부정적인 입장이다. 필자의 경험을 토대로 말하면, 유명인들은 물론이고 누구든 소통의 의지만 갖고 있다면 수백 명에서 1천 명 정도까지는 팔로잉이 가능하다. 유명인 중에서도 연예인 김미화 씨는 1천 명 이상을, 박용만 두산 회장은 800명 정도를 팔로하고 있다.

트위터가 무엇인가? 내 의지와 무관하게 타임라인에 무작위로 올라오는 다른 유저들의 글을 보고 그들과 소통하는 것이 기본이다. 남의 말을 열린 자세로 듣는 것이다. 팔로잉 수가 극단적으로 적다면 그건 무슨 의미일까? 타임라인에 올라오는 글이 적기 때문에 남들이 무슨 생각을 하고 있는지를 적게만 알게 될 것이다. 리스트 기능을 활용할 수도 있겠지만 그건 어디까지나 본인이 선택한 사람들에 제한되는 것이어서 한계가 있다.

유명인들은 다른 사람들로부터 멘션을 워낙 많이 받는 분들이니 그런 멘션 자체를 대화의 일종으로 볼 수 있을지도 모르겠다. 하지만 이런 멘션도 일반인이 유명인을 대상으로 지정해서 보내는 것인 만큼 제한적인 성격을 갖고 있다.

트위터의 리스트나 멘션이 활용된다고 해도 트위터의 큰 축, 즉 다른 유저들이 올린 의견이나 생각, 정보를 볼 수 있는 길은 여전히 막혀있는 것이다. 다시 말해 팔로잉을 적게 하는 유명인들은 자신과 무관하게 진행되는 세상의 여러 가지 일들에 대해 눈을 감고 있고, 다른 사람들의 대화에 대해 귀를 닫고 있는 것이나 마찬가지다. 따라서 그런 유명인들은 남의 말을 듣기보다는 주로 내가 하고 싶은 말을 하겠다는 태도를 취하고 있는 것이라고 보는 건 지나친 일일까?

필자가 이 글을 쓰고 있는 2010년 7월 현재 필자의 팔로어는 7500여 명이고, 필자가 팔로하는 상대는 5000여 명이다. 5000여 명과 일일이 대화를 나누는 것은 분명 가능하지 않은 일이다. 그러나 생각해보자. 그분들과 한꺼번에 같은 시간에 필자가 대화를 나눌 확률은 제로에 가깝다. 그들 가운데 일부와만 필자는 트윗을 주고받는다고 할 수 있다. 그들이 올리는 트윗을 전부 다 읽어야 한다는 강박관념을 가질 필요도 없다.

필자는 많은 수의 팔로잉에 적응하는 소통방식을 나름대로 가지고 있다. 일단 트위터에 들어가면 DM이나 친구들이 말을 걸어온 멘션에 답장을 한다. 그리고 타임라인은 10분 정도 전까지만 거슬러 올라가 읽어보고 눈에 띄는 글이 있으면 답글을 하거나 RT를 한다. 그리고 가끔은 필자 개인의 생각이나 의견을 독백의 형식으로 올리고 나서 이에 대한 다른 유저들의 반응을 보고 대화를 나눈다.

필자는 트위터 친구들과 나름대로 만족스러운 소통을 하고 있다고 생각한다. 그래서 한 명 또는 수십 명 수준에 불과한 유명인들의 소극적인 팔로잉이 잘 이해가 가지 않는 것이다.

팔로잉을 많이 하든 적게 하든 그것은 각자가 자유롭게 신택할 일이다. 다만 소통의 공간이라고 불리는 트위터에서 유명인들이 매우 낮은 수준의 팔로잉 수를 유지하는 것에 대해 필자는 불편함을 느끼는 동시에 부정적인 의견을 갖고 있다. 어떤 의견을 갖고 어떤 관점을 갖느냐는 것도 각자의 자유다!

트위터는 미디어인가

트위터에 관한 글에서 빠지지 않고 거론되는 것 가운데 하나는 기존 언론보다 빠른 트위터의 속보성이다. 어떤 사건이 발생한 경우에 기존 언론은 그 사건을 인지하고 현장의 상황을 파악하는 데 적지 않은 시간이 걸리는 반면에 이미 현장 주변에 있는 트위터 유저는 그 사건과 관련된 사실들을 곧바로 다른 사람들에게 알릴 수 있다. 이렇게 볼 때 순발력에서는 트위터가 기존 언론에 훨씬 앞선다.

속보의 영역에서 트위터가 거둔 혁혁한 실적은 한두 가지가 아니다. 2009년 1월 5일에 미국의 항공사인 유에스 에어웨이스의 항공기가 허드슨 강에 비상착륙했을 때, 2008년 11월에 인도의 뭄바이에서 대규모 테러사건이 일어나 300명 이상이 숨지고 수많은 사람들이 다쳤을 때, 2009년 5월에 독일 대통령 선거가 치러졌을 때 그러한 사건 자체나 그 결과를 가장 빨리 알린 건 기존 언론이 아니라 트위터였다는 사실은 이미 잘 알려져 있다. 우리나라에서는 2009년 10월 29일 오전에 서울 강남 역삼동의 강남파이낸스센터 지하 1층에서 불이 났을 때 그 소식을 가장 먼저 알린 건 기존 언론이 아니라 HenryGim이라는 아이디를 쓰는 트위터 유저였다.

따라서 속보성의 측면에서 트위터가 미디어인지 아닌지를 따지는 것은 무의미한 일이다. 속보성의 측면에서는 트위터가 아주 뛰어난 미디어 그 자체다.

필자는 1983년부터 미디어 업종에서 취재기자로 일해 왔다. 처음에 입사한 〈한국경제신문〉에서 외신부에 배치됐을 때 주로 한 일은 AP-DJ 같은 해외 경제통신이 보내주는 기사와 해외 경제잡지에 실린 기사 가운데 우리의 관점에서 중요하다고 판단되는 기사를 골라 재가공하는 것이었다. 여기에서 '재가공' 이라는 말을 쓴 것은 해외 경제통신이나 해외 경제잡지의 기사를 그대로 번역한 게 아니라 우리 관점에서 중요한 순서를 고려하면서 철저하게 재구성하는 작업을 했기 때문이다.

그러다가 나중에 〈서울경제신문〉으로 옮겨간 뒤 취재현장에 투입됐을 때에는 필자가 해야 하는 일이 완전히 딴판으로 달랐다. 그때 필자가 기자로서 했던 일은 크게 세 가지다.

첫째, 사건이 발생한 현장에서 목격한 사실을 기사화하는 일을 했다. 1989년 6월 중국 베이징에서 민주화를 요구하는 천안문 시위가 일어났을 때 기자는 현장에 있었다. 그곳에서 열린 아시아개발은행(ADB) 총회를 취재하러 중국에 갔다가 때마침 일어난 천안문 시위를 목격하게 되어 그 소식을 기사로 써서 한국으로 송신했다. 이런 일은 기자가 사전에 의도하지 않은 상황에서 목격하게 된 사실을 독자들에게 전하는 역할을 하는 것이다. 취재원을 만났을 때 예상하지 못한 의외의 이야기를 듣거나 제보를 받은 사실을 독자들에게 알리는 일도 여기에 해당된다.

둘째, 기자로서 일정한 취재 포인트를 미리 갖고 취재를 해서 모아진 사실을 근거로 자신의 해석과 관점을 넣어 보도하는 일을 했다. 이것은 기획취재라고 불리는 영역이다. 한번은 필자가 세금은 아닌데 공공기관에 내야 하는 세금 비슷한 것, 즉 준조세로 인해 중소기업이 시달리는 현장을 취재하고 싶었다. 그래서 중소기업인들을 다양하게 접촉하다가 결정적인 증언을 해줄 중소기업인 몇 분을 만나게 됐다. 필자는 그들의 말을 토대로 공공기관이 중소기업으로부터 부당하게 돈을 징수하는 현장을 취재해 보도했고, 이 보도를 계기로 관련 제도가 일부 개선되기도 했다. 이런 일은 기자가 먼저 아이디어를 가지고 현장의 자료를 수집해 분석한 다음에 보도를 하는 경우다.

셋째, 앞의 두 가지 일과 중첩되기도 하는 일이지만, 주어진 사실에 대한 심층분석기사나 해설기사를 쓰는 일을 했다. 주어진 사실과 관련된 자료를 다양하게 모아서 읽어보고 전문가들의 의견을 들어본 다음에 자신의 의견을 추가해 글로 쓰는 일이었다.

이런 세 가지 일, 즉 속보, 기획취재, 심층분석과 해설을 할 수 있도록 훈련 받은 병사가 곧 기자다.

필자의 경험을 토대로 기자들이 하는 일이 무엇인가를 열거해본 것은 기자를 통해 수행되는 기존 미디어의 기능과 트위터의 기능을 한번 견주어보기 위해서다. 속보, 기획취재, 심층분석과 해설은 트위터에서 어떻게 구현될까?

먼저 속보에서 트위터가 뛰어남은 말할 나위가 없다. 앞에서도 얘기한 바 있지만 현장성에 기반을 둔 속보성에 관한 한 트위터가 오히려 기존 미디어를 능가한다. 다음은 기획취재. 이것도 트위터에서 하지 못할 일이 아니다. 매일 주기적으로 콘텐츠를 기사라는 형태로 만들고 편집하지 않을 뿐이지 트위터에는 여러 가지 이슈에 관해 문제제기를 하거나 새로운 사실을 얘기하는 유저들이 많다. 마지막으로 심층적인 콘텐츠도 트위터를 통해 풍성하게 전달된다. 전문성을 갖고 있는 각계의 전문가들이 트위터 안에 포진하고 있는 만큼 다양한 주제에 대한 전문적인 해석과 견해들이 오간다. 이것은 오히려 트위터가 자랑할 수 있는 큰 장점 가운데 하나다.

이렇게 보면 콘텐츠를 전달하는 형식과 방법이 기존 미디어와 다를 뿐이지 트위터는 또 하나의 미디어로서의 기능을 얼마든지 하고 있다고 말할 수 있다.

최근 www.pcmag.com에 '트위터는 새로운 CNN이다(Twitter is the New CNN)' 이라는 제목의 글이 실렸는데 일리가 있어 소개한다. 이 글은 트위터를 '뉴스의 미래' 라고 정의하고, 왜 그런지에 대해 몇 가지 설명을 하고 있다. 이에 따르면 우선 트위터에서 팔로잉을 한다는 것은 구독자가 된다는 것을 의미한다. 게다가 2010년 5월에 뉴욕의 타임 스퀘어에서 폭탄을 장착한 차량이 발견된 사건과 같이 그때그때 사람들의 관심이 집중되는 주제에 대한 얘기들이 트위터에서 오간다. 기존의 실시간 뉴스매체가 하는 일과 별로 차이가 없다.

트위터 유저들은 모두 다 기자가 될 수 있다는 점도 중요하다. 트위터 유저들은 각자 자기가 경험하거나 본 것을 글로 써서 올리거나 기존 미디어가 보도한 헤드라인 뉴스를 RT로 빠르게 전파시키는 역할을 한다. 이런 RT의 경우 35% 정도가 해당 뉴스가 트위터에 처음 올라온 지 10분 안에 이루어진다고 한다. 트위터가 얼마나 빠른 속도로 뉴스를 유통시키는가를 알 수 있다. 트위터가 이처럼 뉴스 미디어로서의 역할을 하다 보니 세계 각국의 정부와 기업들도 트위터를 통해 직접 국민 또는 소비자와 대화를 나누는 소통방식을 속속 도입하고 있다.

그러면 앞으로 트위터가 기존 미디어를 대체하게 될까? 기존 미디어는 쇠락의 길을 걷게 될까? 미디어에 몸담고 있는 필자로서는 뼈아픈 질문이다. 필자의 의견은 이렇다. 기존 미디어의 뉴스생산 기능과 영향력은 종전보다 위축된다고 보는 게 맞을 것 같다. 기존 미디어가 원하든 원치 않든 이렇게 되는 것은 소셜미디어의 확산과 더불어 전개될 시대적 흐름일 것이다.

뉴스생산을 기존 미디어가 독과점하는 게 종래의 관행이었다면 이제는 일반인도 얼마든지 뉴스생산에 참여할 수 있는 '대중 미디어 시대'가 열리게 된 것이다. 속보든 심층분석이든 기존 미디어가 해온 일은 트위터에서도 다 할 수 있기 때문이다.

기존 미디어가 생산한 뉴스도 트위터의 세계로 들어오면 실시간 비평이 덧붙여져 '뉴스의 재생산'까지 일어난다. 예를 들어 애플의 4G 아이폰과 삼성의 갤럭시 S가 출시됐을 때 그에 관한 기존 미디어의 뉴스에 다양한 의견이 첨부된 글들이 트위터에 올라왔고, 그 글들만 읽어도 기존 미디어만으로는 접하기 어려운 다양한 관점을 풍성하게 접할 수 있었다.

트위터의 등장 이후로 기존 미디어가 직면한 변화 가운데 더 중요한 것은 뉴스의 유통경로에 일어나고 있는 판도 변화다. 종이신문 독자 수가 줄어드는 반면에 온라인 뉴스 소비가 늘어나는 것은 어제오늘 시작된 변화가 아니지만, 이제는 트위터를 통해서도 중요한 뉴스가 빠르게 유통되기 시작했다. 수많은 트위터 유저들이 친구들하고 공유하고 싶은 중요한 뉴스를 트윗으로 올리고 그것이 RT를 통해 널리 빠르게 전파되기 때문에 트위터만 잘 봐도 뉴스의 흐름을 따라가는 데 부족함이 없는 게 현실이다.

하지만 이런 변화에도 불구하고 기존 미디어가 불필요해질 것 같지는 않다. 필자는 트위터와 같은 소셜미디어는 기존 미디어에 대해 '공존하며 견제하는' 역할을 하게 될 것으로 내다본다.

기존 미디어는 일반인이 접근하기 어려운 영역을 취재하는 데 물리적 장점을 갖고 있다. 예를 들어 청와대를 출입하며 취재하는 일을 누구나 다 할 수 있게 되지는 않을 것이다. 중요한 기관에 대한 취재의 경우에는 앞으로도 기존 미디어를 중심으로 한 제한이 불가피할 것이다. 게다가 기존 미디어는 뉴스 취재를 위해 훈련된 인력과 조직적, 체계적 네트워크를 갖추고 있다. 트위터의 등장으로 속보와 같은 영역에서는 기존 미디어의 위상이 위축될 수밖에 없겠지만, 기존 미디어가 나름대로 강점을 갖고 있는 영역에서는 종래와 같은 역할을 계속 수행해 나갈 것으로 보인다.

하지만 소셜미디어의 등장으로 이제 기존 미디어는 정신을 바짝 차리고 열린 자세를 가져야 한다는 과제를 안게 됐다. 속보에서 트위터와의 '경쟁'이 불가피하고, 심층분석에서도 '어설픈 내용'은 트위터에 포진하고 있는 많은 전문가들에 의해 냉정한 평가와 심판을 받게 될 것이다. 이런 대목은 기존 미디어가 기자들의 전문성을 제고하기 위한 노력을 기울일 필요가 있음을 말해준다.

아울러 트위터에서 많은 뉴스가 생성되는 만큼 기존 미디어의 기자들도 소셜미디어를 충분히 이해하고, 소셜미디어로 소통되는 뉴스의 흐름을 잘 모니터링해 거기서 새로운 콘텐츠를 발굴해 독자들에게 제공할 줄 아는 능력을 갖춰야 한다.

기자들은 특히 트위터에 유저로 참여해 독자 또는 시청자들과 대화를 하고 그들로부터 피드백을 받는 상호소통의 자세를 가져야 하고, 이렇게 해서 소셜미디어와 공존하는 새로운 미디어의 길을 걸어가야 한다. 이젠 독자나 시청자들이 뉴스를 찾아오는 게 아니라 뉴스가 그들을 찾아나서야 하는 시대가 됐기 때문이다.

역사가 되는 트윗

우리나라에서는 트위터에 대한 공공기관의 관심이 아직 초기단계의 미미한 수준에 머물러있지만, 미국에서는 트위터에 대해 공공기관이 색다른 움직임을 본격적으로 보이기 시작했다. 그 가운데 대표적인 것이 수많은 사람들이 올리는 트윗을 기록으로, 다시 말해 역사로 보관하려는 계획이다.

미국 의회도서관은 트위터가 시작된 2006년 3월 이후 트위터에 올라온 수십억 개의 트윗을 기록으로 보관하는 일을 추진하고 있다. 물론 일부에서는 시시콜콜한 내용이 많은 트윗이 무슨 역사적 기록이 되겠느냐는 시각도 있지만, 미국 의회도서관은 그만큼 소셜미디어의 중요성을 인식하고 있는 것이다.

트윗이 왜 역사적 기록으로 중요할까? 과거를 기록하고 분석하는 역사학은 그동안 유물이나 서적 같은 극히 제한된 자료에 의존해왔다. 하지만 트윗과 같은 실시간 자료가 보관되어 수많은 사람들이 일상적으로 나누는 대화까지 역사적 기록으로 남게 된다면 역사학은 사람들의 일상, 생각, 감성, 문화 등이 담긴 엄청난 규모의 원자료를 이용할 수 있게 될 것이다. 사람들의 생생한 대화의 기록 속에 그때그때의 모든 것이 담겨 보관될 터이니 이만한 자료가 달리 어디에 있을 수 있겠는가?

그 속에는 2009년에 이란에서 인터넷이 차단됐을 때 이란인들이 그러한 조치를 우회할 수 있는 소프트웨어를 통해 트위터에 올린 항의와 호소, 아이티와 칠레에서 큰 지진이 발생했을 때 현지의 참상과 인명구조 활동에 관해 트위터 유저들이 올린 글과 사진 등도 포함될 것이다. 우리나라 같으면 2010년의 천안함 사건과 6.2 지방선거 전후로 사람들이 어떤 생각을 하고 어떤 대화를 나눴는지를 알게 해주는 트윗들이 그대로 기록으로 보관되는 것이다(물론 우리나라는 아직 그런 단계에 이르지는 않았다).

역사적 기록으로 보관한다는 측면에서 트윗이 갖고 있는 장점은 무엇일까? 위와 같은 사실을 보도한 CNN은 세 가지 점을 든다. 우선 트윗은 140자 이내로 그 구조가 단순하다. 다음으로 트윗은 대부분 공개 트윗이다. 마지막으로 이미 수십억 개의 트윗을 역사적 기록으로 활용할 수 있고, 매일 수백만 개의 트윗이 추가되고 있다. 여기에 필자가 한 가지 더 추가하고 싶다. 트윗에는 수많은 일반인들이 서로 부대끼고 대화하는 내용도 유명인들의 행적이나 발언과 동등한 자격으로 담긴다.

트윗을 역사적 기록으로 보관하려는 미국 의회도서관의 노력이 결실을 맺기 위해서는 넘어야 할 산이 적지 않을 것이다. 무엇보다 트위터 유저들의 프라이버시를 보호해야 하는 문제가 있다. 자기가 트위터에 올린 글이 역사적 기록으로 남는 것을 원하지 않는 사람들도 많을 것이다. 이에 대한 사람들의 의사를 어떻게 일일이 확인하고 반영할 것이냐는 쉽게 풀 수 없는 문제다.

　자신의 트윗이 역사적 기록으로 보관되는 것에 반대하는 사람들의 트윗은 보관의 대상에서 제외하는 방안이 해답이겠지만, 그렇게 하는 것 자체가 만만치 않은 작업이 될 것이다. 이 문제가 과연 어떻게 풀려나갈지 궁금하다.

유저들에게 들어본 트위터

문) 초기에 어떤 어려움을 겪으셨고, 어떻게 극복하셨는지?

@actressK 아무것도 몰라서 일단 포털사이트에서 검색해보니 트위터 활용법을 상세히 올려놓은 글이 있어 그것을 꼼꼼히 읽었습니다. 그런 다음에 그 글을 쓴 사람을 팔로한 후 그 사람에게 멘션을 날렸고, 곧 맞팔이 되어서 DM으로 질문과 답변을 주고받으며 학습했습니다. 거의 사흘을 밤낮으로 트위터에 매달려 그 사흘 안에 다른 사람들은 한 달 정도 지나야 아는 것들까지 알게 됐습니다. 성격상 궁금한 것이 있으면 잠을 잘 수 없었습니다. 잠은 쏟아졌지만, 호기심이 잠보다 더 강했습니다.

@cherrytree519 일단 부딪치며 배워가는 스타일이라 아무 두려움 없이 트윗을 시작했어요. 초기엔 어떻게 하는 건지 몰라 헤맸고, 혼잣말만 하고 메아리만 돌아오는 듯해서 외로웠죠. 그러다가 차츰 친구들이 생기고, 그들과

이야기를 나누고 교감하게 되면서부터는 전혀 그런 문제는 없었답니다.

@estima7 특별한 어려움은 없었으나, 그때만 해도 트윗을 써서 올리는 한국인이 거의 전무했기에 독백이라고 생각하고 썼습니다. 영어로 써야 하나 한글로 써야 하나 하고 약간 고민했었는데 내키는 대로 쓰자는 취지에서 한글로 쓰기 시작했습니다.

@hiconcep 초기에는 영어트윗 밖에 없어서 아무래도 적극적인 활동은 못 했습니다. 2009년 4월경부터 한국어로 트윗을 쓰는 사람들이 늘어나면서 이런 문제는 자연스럽게 해소됐습니다.

@hongss 트위터를 처음 사용할 때에는 한국적인 마인드와는 다른 체계에 거부감을 가졌지만, 그 속에서 소통하고 이야기하는 사람들이 너무나 친절한 데다가 그동안 느껴보지 못했던 가까움도 있어 빠르게 친숙해져 가더군요. 그러면서 점차 궁금한 것이 있기나 공유할 내용이 있으면 가장 먼저 이야기를 나누는 공간으로 바뀌어 갔습니다.

@youthinking 아무것도 없는 흰 벽. 혼자 끄적이기만 하고 아무도 피드백을 해주지 않는 상황. 마치 면벽수행을 하는 듯한 막막함. 분명히 사람들은 트위터가 소통의 도구니 소셜미디어니 했는데, 이해가 안 가는 상황. 그래서 다른 사람의 피드백을 기다리지 말고 내가 먼저 읽고 내가 먼저 피드백해주자는 생각을 하게 됐습니다. 한꺼번에 맞팔로해서 팔로어와 팔로잉을 늘리는 방법도 있지만 그런 방법은 제 스타일에 맞지 않아 꾸준히 조금씩 내 입장에서 호감이 가는 글과 정보를 올려주시는 분들을 팔로하고 피드백을 통

해 그들과 대화를 나누며 관계를 맺어갔습니다. @dogsul 님이 주최하신 오프에도 나가보고 @knolpd 님과 대화를 나누다가 급조한 '트위터 고 씨 번개'에서 '소수정예'만 모여 담소를 나누면서 새록새록 트위터의 맛이 더 쌓여갔습니다. 그러다가 2009년 12월 31일에 열린 '2010 신년맞이 트위터 솔직토크'에 온라인으로 참여하면서 코드가 맞는 분들을 많이 알게 됐고, 그때 서로 팔로하고 친해진 분들과 지금도 계속 교류하고 있습니다. 초기에 교감을 어떻게 만들어나가야 할지 모르는 막막함에서 오는 어려움은 적극적이고 꾸준한, 그리고 차근차근한 교감의 시도로 극복되는 것 같습니다.

@CauseSquare IRC Hacker 그룹을 통해 소통해온 외국 친구들이 2008년부터 트위터 계정을 사용자 닉네임으로 사용하는 것을 보고 트위터에 가입하게 됐습니다. 그렇기 때문에 저에게는 한국에 유저가 얼마나 있는지는 중요하지 않았습니다. 트위터 팔로어들을 통해 새로운 해킹기술이나 보안사고에 관한 정보를 얻을 수 있었고, 궁금한 사항에 대해 의견을 나눌 수 있었습니다.

@sajupalja 매스컴을 통해 트위터에 관한 정보를 자주 접하게 됐지만, 막상 해보려고 하니 망설여졌습니다. 알고 지내는 주위 사람들 중에 트위터를 하는 사람은 유일하게 제 딸아이 하나였습니다. 어느 날 그 아이에게 "엄마도 트위터 할 거야"라고 말했더니 "엄마가 트위터 해서 뭐 하게요?"라고 반문하더라고요. 그 순간 오기가 생겨 마음속으로 다짐했습니다. '그래 두고 보자! 네가 안 가르쳐준다면 내가 혼자 공부해서 하면 되지!' 그후 저는 '태평

양에서 표류' 하게 됐고, 누구를 팔로해야 할지 몰라 처음에는 외국인들과 인연을 맺으며 어설픈 영어로 트윗을 주고받았습니다. 그러던 중 한국 쪽을 검색해보니 알 만한 얼굴들이 재잘대고 있었고, 그래서 그들을 조심스럽게 팔로하게 됐죠! 그 당시 제게 정보를 주는 사람이 없었던 관계로 twitter.com을 오래 이용하고 있었는데, 어느 날 한 팔로어께서 한국식 트위터가 있으니 그걸 한번 해보라는 귀띔을 주셨습니다. 그 뒤로는 더 쉽게 트위터를 이용하게 됐습니다. 저는 지금 2600명이 넘는 팔로어들과 매일 안부를 나누고 유익한 정보를 공유하고 있습니다.

문) 트위터에서 사람 사귀는 방법에 대해 조언한다면?

@actressK 시간적 여유만 있다면 멘션과 DM에 신속하게 답변합니다. 그리고 트위터 모임인 모꼬지나 당에 가입해서 관심사가 같은 사람들과 트위터 상에서 교류를 하면 비록 실제로 만난 적이 없어도 유대감이 형성됩니다. 번개를 스스로 직접 치기도 하고 남이 친 번개에 나가기도 합니다. 번개를 통해서 실제로 만난 사람들은 더 친근해지고, 번개에서 처음 본 사람도 그동안 트위터에서 글로 대해온 부분이 있기에 오랜 지인 같은 느낌도 듭니다. 모르는 것이 있으면 트위터에 질문을 올립니다. 감사하게도 많은 분들이 답변을 해주십니다. 물론 정답도 있고 오답도 있고 엉뚱한 말도 있지만, 그래도 다~ 감사합니다.

@cherrytree519 꾸미지 않고 있는 그대로의 나를 보여드리기. 항상 진심으로
대하기. 친구와 공감하고 교감하기.

@estima7 미국에, 그것도 보스턴에 있기 때문에 트위터에서는 대화를 하지만
실제로 만날 수 있는 한국인은 별로 없었습니다. 그런데 트위터를 통해 알
게 된 지인이 많아지면서 보스턴에 왔다가 연락을 주시는 분도 많아졌고, 그
렇게 만나게 된 분과는 귀중한 인연을 맺게 됐습니다. 트위터를 통해 사람
을 사귀는 데 특별한 방법이 있다고 생각하지는 않습니다. 상대방을 성의껏
대하면 되는 것이라고 생각합니다. 문자를 통한 대화는 자칫 오해를 낳을
수 있기 때문에 트윗을 날리기 전에 한 번 더 생각해보는 신중함이 필요합니
다.

@hiconcep 자신이 보고 싶은 사람을 팔로하고 자신의 글을 좋아하는 사람들
과 교류하다 보면 자연스럽게 적응이 됩니다.

@hongss 먼저 나부터 오픈한다는 생각입니다. 아이디어나 지식을 공유한다면
더 빠르게 관계를 늘려갈 수 있으며, 그러다가 공유로 배운 것을 다른 사람
들에게 나눠준다면 더 효과적일 거라고 생각됩니다.

@youthinking 팔로하기 전에 그분의 타임라인과 바이오, 링크된 사이트(대
개는 개인 블로그)를 모두 봅니다. 그래서 서로 코드가 맞거나 여러 모로 배
울 점이 있다고 생각되는 분이면 팔로합니다. 팔로하면서 바로 인사말씀(팔
로하는 이유와 덕담)을 멘션으로 드립니다. 온라인이기에 더더욱 신중하게
관계를 시작해야 하고, 관계를 발전시키기 위해서도 신중한 태도가 필요하

다고 생각합니다. 정신없이 이것저것 하고 살다보면 타임라인에서 내가 팔로하는 모든 분의 글을 놓치지 않고 챙겨 보는 것이 불가능합니다. 하루에 20~30개 정도의 보통 수준으로 트윗을 올리는 분을 200명만 팔로해도 봐야 할 트윗이 4천~6천개나 되니까요. 리스트를 활용하기도 합니다. 그러나 타임라인 전체를 잠시 훑어보다가 연이 닿는 분의 트윗에 대해 공감의 RT나 멘션으로 피드백을 드리는 것이 가장 무난하면서도 자연스럽고 강력한 관계유지 방법인 것 같습니다. 이렇게 하는 것은 "올리시는 트윗을 하나하나 다 보지는 못합니다만 님의 근황을 살피고 있고, 저에게 당신은 그런 의미 있는 존재입니다"라는 말하는 것과 같은 것이 아닐까요? 그리고 이런 정도의 관계가 자기 자신에게도 적용된다고 생각하면 됩니다. 역지사지죠. 관심을 받아야 한다는 생각에 집착하면 고달파집니다.

@CauseSquare 특정한 영역의 콘텐츠에 초점을 맞추고 그와 관련된 바이오나 트윗을 보고 해당 트위터러를 팔로잉한 뒤에 진심으로 대하면 됩니다. 이렇게 하면 팔로어도 점점 더 늘어나고, 그룹을 새롭게 형성할 수 있습니다. 예를 들어 콜라를 좋아하는 사람이라면 "다들 커피를 마시지만 나는 콜라를 마신다"라고 말하면서 웹서핑을 통해 구한 콜라 관련 콘텐츠를 이용해 자신의 의견을 올리면 공감하는 사람들로부터 리트윗을 받게 됩니다.

@sajupalja 차마 눈 뜨고 보지 못할 만큼 심한 비난의 글들을 타임라인에서 접하면서 실망했던 적도 있었습니다. 트위터에서 '관계 맺기'를 하는 데는 예의와 신중함이 필요하다는 걸 느꼈습니다. 팔로 버튼을 무작정 쿡쿡 눌러

대는 대신 @youthinking 님의 조언대로 "조심스럽게 팔로합니다"라는 표
현을 써가며 성의 있게 팔로를 하게 됐죠. 그후 좋은 인연들이 맺어져 지금
까지 꾸준히 소통을 하며 지내고 있습니다. 중요한 것은 남을 배려하는 마
음을 갖고 남이 올린 트윗에 대해 성심성의껏 진심 어린 답변을 하는 것입니
다. 대화를 하는 데 있어서 자극적인 표현은 배제하는 것도 중요하고요. 요
즘에는 해시태그로 엮여지는 다양한 모임에도 가입해 친구를 많이 사귀고
있습니다. 때로는 온라인상에서 대화를 나누는 것에 그치지 않고 '오프라
인 정모'에도 참여해 더욱 돈독한 관계를 구축하기도 합니다.

문) 트위터의 긍정적 영향이라면?

@estima7 — 어떤 사안에 대한 생각의 정리: 누군가와 공유하기 위해서 140자
이내로 정리하면서 생각이 더 확실하게 정돈되고 내 것으로 소화되는 경우
가 많고, 내가 더욱 현명해지는 느낌입니다. — 리플, 멘션을 통해 더 많이
배웁니다: 설익은 생각이나 정보를 트윗으로 올리는 경우에도 사람들과의
대화를 통해 더 많은 정보를 얻게 되고, 생각하지 않았던 측면에 대해 생각
하게 됩니다. — 각계 전문가와의 교류: 트위터는 얼리 어답터나 새로운 시
도를 많이 하시는 깨어있는 분들이 모여 있는 곳입니다. 제 관심분야 전문
가들의 이야기를 듣고 대화를 나눌 수 있습니다. 트위터에서의 대화 끝에
실제로 만나면 오래 사귄 친구 같은 느낌이 듭니다. 인맥을 엄청나게 넓힐

수 있다고 할까요?

@hiconcep 실시간 정보의 바다, 그리고 수많은 사람들과의 의견교환.

@hongss 정보 유통과 생각 공유의 수단으로 자주 활용합니다. 이를 통해 폭넓은 시야를 확보할 수 있게 해준다는 것이 트위터의 장점입니다. 트위터는 특히 블로그의 콘텐츠를 확보하는 데 큰 도움이 됩니다. 제가 최근에 출간한 《트위터 200% 활용, 7일만에 끝내기》 책 같은 경우는 상당부분을 트위터를 통해 집필했다고 볼 수 있습니다. 최근에 추가로 집필하는 책도 트위터 소통을 통해 씌어지고 있습니다.

@youthinking 방대한 양의 정보 수집이 가능. 수집된 정보를 읽고 해석하고 활용하면서 정보처리 능력이 대폭 상승. 자신의 생각을 간결하면서도 강력하고 조리 있게 글로 표현할 수 있는 능력도 길러짐. 수많은 색깔의 사람들을 만날 수 있고, 그들의 색깔을 간접경험하면서 삶과 사회를 바라보는 시각을 넓힐 수 있음. 민심의 '진짜' 방향과 트렌드를 살펴볼 수 있음. 자신의 속마음을 숨기거나 왜곡시키기보다는 거의 그대로 트윗으로 노출시키는 경우가 많기 때문.

@CauseSquare 트위터의 장점은 크게 보아 '빠르다, 솔직하다, 정리된다' 라고 요약할 수 있습니다. 타임라인에 올라온 특정 트윗이 빠른 속보성을 가진 뉴스라고 가정할 때 그 트윗을 올린 사람이 솔직하고 정직한 정보를 올린 것이라면 그것을 본 사람들이 그것과 관련된 주변정보를 더해 리트윗해서 제대로 된 정보와 콘텐츠를 확산시킬 수 있습니다. 선릉역 근처의 모텔에서

불이 난 적이 있습니다. 그때 어떤 이가 근처 사무실에서 현장 사진을 찍어 트위터에 올렸습니다. 그러면서 주위에 주차된 차량들 때문에 소방차의 접근이 어렵다는 정보도 정확하면서도 빠르게 올렸습니다. 트위터가 소셜미디어적 성격을 가진 인포메이션 네트워크 채널로 자리 잡고 있습니다. 참여자들이 정확한 정보를 전달하고 잘못된 정보는 걸러내는 과정을 통해 트위터가 다자간 정보 획득 및 공유 시스템으로 발전하고 있습니다.

@sajupalja 직접 만나서 얘기를 나누지 않아도 많은 정보를 신속하게 공유할 수 있다는 것이 무엇보다 긍정적인 트위터의 장점인 것 같습니다. 다양한 분야에 종사하는 각계각층의 사람들이 트위터를 이용하고 있기 때문에 어떤 전문분야에 대해서든 궁금한 점이 있으면 밤이든 낮이든 트윗을 던지면 답이 금방 돌아옵니다. 이것이 바로 제가 트위터를 이용하면서 느끼게 된 가장 큰 즐거움입니다.

@cherrytree519 ① 제겐 트위터가 세상을 보는 창이죠. 제가 선택한 친구를 통해 내다보는 세상…. 그래서 타임라인을 통해 세상의 흐름을 실시간으로 호흡하게 됩니다. 트위터에는 이런 장점이 있어요. ② 제가 되고 싶은 건 '좋은 교사'죠. 교사는 사람에 대한 이해가 깊어야 하는 직업이랍니다. 그런 제게 트위터 친구들은 '살아있는 교과서' 같아요. 사람을 이해하고 싶은 분들에게 트위터를 강력 추천해드려요. ③ 트위터가 업무에 도움이 된다는 것, 최근 들어 실감하고 있어요. 최근 '유명인사 초청강연'을 기획 중인데요, 트위터를 통해 알게 된 트렌드, 유명인들의 동향, 새로운 강연형식에

관한 정보 등이 제 안에 차곡차곡 입력되어 있다가 필요할 때 통합적인 아이디어로 분출되더라구요. 트위터 타임라인을 찬찬히 보며 제 안에 쌓인 것이 어떤 순간에 어떤 통섭으로 분출될까 생각해봅니다. 그건 아무도 모르지요!

@actressK 직업이 배우인 저에게 트위터는 다양한 직업군과 다양한 연령층의 다양한 사람들을 접해볼 수 있게 해준다는 것이 가장 큰 장점입니다. 그것은 배우인 저에게 필요한 공부가 될 수 있고, 재산이 될 수 있습니다. 머릿속으로 상상해본 것과 그들과 교류하면서 알게 되는 것 간에는 분명히 다른 부분이 있기에. 그래서 새로운 사람들을 만날 수 있는 트위터라는 통로가 열린 것 자체가 감사합니다. 그리고 트위터가 비록 컴퓨터나 스마트폰 등 기계를 매개체로 하지만, 핵가족화된 현대사회에서 구조적으로 외로울 수밖에 없는 도시인들에게 사람과 사람으로 만나 서로 이야기를 나눌 기회를 준다는 점에서 트위터는 사막의 오아시스와 같다고 생각됩니다.

문) 트위터의 부정적 측면이라면?

@estima7 Distraction. 항상 트위터를 확인하는 버릇이 있습니다. 트위터에 좋은 정보가 올라오면 읽어야 할 것 같은 느낌이 듭니다. 어떤 일에 집중하기 어렵게 만드는 측면이 있습니다. 때문에 독서량이 떨어집니다.

@hiconcep 중독성과 가끔 과도하게 시간을 잡아먹게 된다는 점입니다.

@hongss 진솔한 대화가 부족하다는 점과 생각할 수 있는 시간이 줄어든다는

점입니다. 오프라인에서 만난다고 해도 관계의 일정 부분은 온라인에 있다보니 깊숙한 대화를 하게 되기가 쉽지 않더군요. 또한 트위터를 들여다보는 시간이 많아지면서 개인적으로 사색을 할 수 있는 시간이 줄어들었습니다.

@youthinking 트위터를 하다 보면 자신이 올린 트윗에 대한 피드백에 대해 다시 피드백을 해줘야 한다는 강박관념이 생기게 됩니다. 이로 인해 상당한 시간을 투자해야 하고, 그렇지 않고 피드백 온 것을 무시할 경우에는 심리적인 스트레스를 받기도 합니다. 가급적이면 단순한 RT성 트윗에 대해서는 답변을 하지 않고, 반드시 답변이나 피드백을 해야 할 것 같은 트윗에만 답변을 하려고 노력 중입니다. 잘못된 정보가 쉽게 전파되기도 하지만 그것이 RT되면서 자체적인 정화작용을 통해 올바르게 고쳐지기도 합니다. 하지만 그동안 경험한 몇몇 사례를 보면 팔로어 수가 많은 사람이 만들어낸 잘못된 정보는 그렇게 쉽게 수정되지 않습니다.

@CauseSquare 유명인이나 특정 정치인을 해바라기처럼 추종하면서 그 사람의 근황에 관한 정보를 마치 연예뉴스나 정치뉴스처럼 받아들이려는 경향이 트위터에는 있습니다. 자신의 정치적 성향을 드러내는 창구로 트위터를 활용하는 사람들도 있습니다. 특히 트윗코리아나 트윗애드온 등에서 팔로어 수로 랭킹을 매기게 되면서 트윗은 거의 올리지 않으면서 맞팔롱을 통해 팔로어 수만 늘리는 사람들이 생겨났습니다.

@sajupalja SNS의 개념을 망각한 채 트위터를 개인의 사랑방으로 착각하는 분들이 계시다는 것이 안타까운 부분입니다. 직접 대면하지 않는다고 해서

상처를 주는 멘션을 날리는 사람을 만나게 되면 정말이지 당황스럽기까지 했죠! 저의 경우는 유저네임(@sajupalja)이 좀 특이한 관계로 한 젊은 청년이 '처녀보살'이라고 저를 놀려대기까지 했습니다. 개인의 사생활이 지나치게 노출되는 상황도 발생하므로 각별한 주의가 필요합니다. 140자로 제한된 공간에 글을 쓰다 보니 받침을 빼고 소리 나는 대로 글을 쓰게 되고 줄임말도 자주 사용하게 됩니다. 이 때문에 정작 중요한 글을 써야 할 때 표기와 맞춤법이 헷갈리는 때도 있더군요.

@cherrytree519 아무래도 시간투자가 많이 필요해요. 저 같은 경우 하루 5시간 이상을 트위터에 투자한답니다. 물론 '투자'라고 생각하지요. 저는 자는 시간이 많이 필요하지 않은 편이라 새벽시간, 그리고 아이들 재워 놓고 밤 시간을 집중적으로 이용합니다. 또한 트위터를 시작하면서부터 독서시간이 줄었다는 점은 기의 모든 유저의 공동된 하소연이쇼. 저 또한 그런 편이구요.

@actressK 너무 광범위한 불특정 다수에게 공개되다 보니 다양한 사람을 만납니다. 적정선이라는 상식이 통하는 사람이 대부분이지만, 그래도 몇몇은 통상적인 상식을 벗어나 스토킹 수준의 질문을 하는 분이 간혹 있어서 당황스럽기도 합니다. 누군가가 나쁜 마음을 먹고 활용하려고 든다면 범죄에 이용될 가능성도 있으므로 트위터에 지나친 사생활 공개를 하는 것은 피해야 할 것입니다.

문) 트위터를 어떤 용도로 자주 활용하시는지요?

@estima7 생각을 메모하고 중요한 업계 트렌드를 따라가야 할 때 정리수단으로 이용합니다. 어떤 사안에 대한 대중의 생각을 알 수 있습니다. 하지만 다른 무엇보다 살아있는 실시간 정보를 얻을 수 있는 귀중한 채널이어서 트위터를 하면 세상일에 밝아집니다.

@hiconcep 정보획득 및 자신의 생각을 사람들에게 전파하는 창구. 그러면서 생각의 교환을 자연스럽게 하게 됩니다.

@hongss 다른 트위터러 분들과 생각을 공유하고 소통하는 데 많이 사용하고 있습니다.

@youthinking 저는 기본적으로 라이프로그(lifelog)로 활용하며, 제 고객(직업의 특성상 제 고객은 회사와 인재 두 집단으로 나뉩니다)과 1대1 대화를 하는 창구(DM을 통해)로도 활용합니다. 그리고 제가 하고 있는 일(커리어 컨설팅, 리크루팅, 레인 메이킹, 강의 등)과 관련해 커뮤니케이션을 하는 도구로 활용합니다.

@CauseSquare 이미지텔링이라는 새로운 방법을 실험하고, 보안전문가로서 트윗의 파일구조를 파악하고, 전 세계 해커 및 보안전문가와 소통하면서 새로운 정보를 얻고, 그 정보를 바탕으로 '보안공지'라는 저만의 콘텐츠를 쌓는데 트위터를 이용하고 있습니다. 이와 더불어 트위터를 통해 소셜미디어의 성격을 갖고 있는 SNS를 국내에 정착시키는 방법이 무엇인지를 연구하

고 있고, 트위터 생태계를 통계적으로 측정해보기도 합니다.

@sajupalja 제 경우에는 첫째, 온라인 인맥 쌓기에 트위터를 이용하고 있습니다. 둘째, 각 분야의 전문가들을 리스트에 올려두고 그들의 트윗을 유심히 살핍니다. 그러다가 중요한 정보를 만나게 되면 그것을 관심글로 등록해두고 필요할 때 다시 찾아 봅니다. 셋째, 궁금한 사항이 있으면 트윗으로 질문을 던져 답을 구합니다.

@cherrytree519 〈연구용〉 사람에 대한 이해. 친구에 대한 이해와 공감. 〈선물용〉 친구에게 음악이나 이미지, 글을 선물로 주고 싶을 때. 〈Just for fun〉이 비중이 점점 느는데요, 친구랑 장난치기 위해서(아침 출근길 지하철에서 타임라인 보다가 크게 웃지도 못하고 얼굴 빨개져서 쿡쿡거리는 아픔은 정말 고통스럽죠). 〈정보를 얻기 위해〉 여러 분들이 올려주시는 핫한 소식 매우 잘 보고 있어요. TED 강연이랑 최신 IT업계 이야기 등 기술 자체에 대한 이야기보다는 그 이면의 스토리에 끌리는 편이죠. 예를 들면 최근에는 플래시를 채택하지 않은 이유에 대한 잡스의 편지와 그에 대한 어도비 사의 답장 등.

@actressK 모르는 것 또는 알고 싶은 것을 물어보면 네이버 검색보다 더 참신한 대답을 얻을 수 있습니다. 출연작 홍보, 방송 직전에 실시간 알리기 등 배우와 관객/시청자로서 서로 소통할 수 있고, 시청 후 소감을 바로바로 들을 수 있습니다. 그리고 RT를 통해 많은 사람들에게 알려질 수 있다는 것입니다.

문) 트위터를 하면 많은 시간을 쓰게 된다는데 절제하는 방법은?

@estima7 너무 멘션과 리플이 많기 때문에 의미 있는 질문이 아니면 대답을 안 하는 편입니다. 대화에 적극적으로 나서면 너무 많은 시간을 빼앗길 수 있습니다. 업무시간에는 거의 안 합니다. 트윗을 많이 날리는 시간은 정해져 있습니다.

@cherrytree519 아이가 잠들고 신랑님이 개인시간을 갖기 전에는 트위터 접속 안 하려고 노력하죠.

@hiconcep 초기에 약간의 중독현상은 자연스러운 듯. 그 시기를 넘으면 생활로서 적응하게 됩니다.

@hongss 어차피 많은 시간을 투자할 거라면 유용하게 쓰자는 생각입니다. 그렇기에 업무적 활용도를 높이고 있습니다. 제가 하는 일이 인터뷰와 블로그 운영, 강의 등이어서 그런지 트위터를 사용하면 할수록 유용한 부분이 많다고 느끼게 됩니다.

@sajupalja 트위터에 빠지다 보면 시간 개념을 상실하게 되고, 초기에는 어느 정도 중독성도 경험하게 되는 게 사실입니다. 특히 스마트폰과 트위터를 연결시켜 두면 시시때때로 알림 신호가 울리기 때문에 자다가도 궁금해서 일어나 확인해보는 경우가 많습니다. 제 경우에는 밤 11시부터 아침 6시까지는 알림 신호가 울리지 않게 해두고 있습니다. 처음에는 타임라인을 끼고 살았지만 어느 정도 시간이 흐른 뒤에는 자제력이 생겨나 규칙을 정해두고

그 규칙에 맞는 시간에만 타임라인을 확인하게 됐습니다. 저는 근무 중에는 타임라인을 확인하지 않으며 아침, 점심, 저녁으로 하루를 3등분해 방문횟수와 체류시간을 정해놓고 트위터를 사용하고 있습니다.

@actressK 아이폰 사기 전에는 괜찮았는데 아이폰 사고 나니 수시로 확인하게 되더군요. 확인 안 하면 불안하고. 제가 트윗 글을 올렸을 땐 약 5분 후부터 확인해요. 트윗 글을 올리지 않았을 땐 답 올 게 없으니 가끔 확인하구요. 근데 사실 아무도 내게 멘션도 DM도 보내지 않으면 뭔가 허전하고, 그래서 뭔가 반응이 올 트윗이나 리트윗을 올려야 한다는 강박관념이 생기는 것 같아요. 하지만 한편으로는 나더러 도배질하지 말라고 항의하는 사람도 있으니 적절하게 해야겠지요. 아이폰 산 이후론 좀 중독성이 짙은 것 같아요.

문) 트위터의 미래는?

@estima7 계속해서 성장하면서 발전해나갈 것입니다. 이 정도 모멘텀을 확보한 서비스는 설사 피크를 치고 사용량이 감소한다고 해도 4~5년간은 강한 생명력을 유지합니다. 다만 아주 강력한 비즈모델을 만들어낼 수 있을지는 미지수입니다. 하지만 최고의 실시간 미디어라는 강점을 살려나간다면 페이스북과 함께 계속 2강 SNS로 자리 잡을 가능성이 있습니다.

@hiconcep 집단지성의 생활화를 실현하는 사회적 운영체제로 성장할 것이다.

@hongss 결국 저의 미래일 수 있다고 봅니다. 얼마나 가치 있게 쓰느냐에 따

라 긍정적인 효과를 거둘 수도 있고, 개인 브랜드 전략에도 도움이 될 수 있다고 봅니다.

@youthinking 트위터는 아직 불완전한 상태에서 계속 자라나고 있는 아이라고 생각합니다. 자라나면서 스스로 주위의 생태계를 변화시키고 있고, 또한 그렇게 해서 변화된 환경에 맞추어가면서 더욱 자라나고 있는 대단한 녀석이죠. 페이스북은 기본 틀을 거의 다 갖춘 성채라고 생각하지만, 트위터가 어떻게 진화하게 될지에 대해서는 아직 명확한 답을 내리지 못하겠습니다. 하지만 트위터가 온라인 커뮤니케이션의 핵심 도구가 되면서 더욱 큰 영향력을 발휘하게 될 가능성이 높다고 봅니다. 트위터의 문법과 기본규칙은 인간사회에서 이루어지는 커뮤니케이션의 근간을 꿰뚫고 있습니다. 그래서 트위터에서 벌어지는 일들을 보면 트위터 공간도 역시 사람 사는 곳이구나 싶은 것이죠. 트위터에 대한 저의 지론은 '트위터=인생' 입니다. 우리의 인생이 앞으로 얼마나 재밌게 펼쳐지느냐에 따라 트위터의 미래도 결정되겠지요.

@sajupalja 나의 전공분야가 아닌 다른 분야의 전문가들과 소통을 하고 친분을 쌓을 수 있게 해준다는 점이 트위터의 큰 장점입니다. 그리고 이런 장점이 있기에 트위터 세계에서는 앞으로 각 분야의 영향력 있는 전문가들이 더 크게 이름을 떨치게 될 것으로 봅니다. 또한 트위터의 영향으로 각 개인의 교제범위가 크게 확대될 것이라고 생각합니다. 그러면 '친구' 라는 단어의 의미도 확대되겠지요.

@actressK 서버의 과부하나 종종 생기는 오류 등에 대해 시스템적인 보완이
더 이루어진다면 더 많은 사람들이 활용할 수 있을 것 같은데요. 아직까지
는 한글 서비스가 안 되기에 초기 진입장벽이 높은 것 같아요. 반면에 그것
으로 인해 아직까지는 '물 관리'가 되는 것인지도 모르지요. 각종 국내 포
털을 홍보성 음란댓글 같은 거로 도배하는 사람들이 트위터에서는 자동정
화 처리되는 것이 좋은 점인 것 같아요. 언팔하면 그뿐이니까. 시간이 지난
후 더 많은 사람들이 사용하는 필수품이 될지, 아니면 한때의 유행으로 끝날
지, 아니면 그야말로 그들만의 리그(우리들끼리의 놀이터)가 될지는 아직
잘 모르겠습니다.
@cherrytree519 트위터가 세상을 바꿀지도 모릅니다.

트위터와 페이스북

SNS(소셜 네트워킹 서비스) 가운데 가장 잘 알려진 것이 트위터와 페이스북이다. 사실 사용자 수로 보면 페이스북이 트위터를 압도하고 있다. 2010년 5월 현재 전 세계의 트위터 가입자는 1억 6백만 명인 데 비해 2010년 7월 현재 페이스북 가입자는 그 네 배가 넘는 4억 7천만 명에 달한다. 페이스 북이 구글보다 더 많이 이용되고 있다는 평가도 있다.

트위터와 페이스북의 공통점은 무엇이고, 차이점은 무엇일까? 가장 큰 공통점은 가입자들이 실시간으로 대화를 하고 정보를 공유하며 여론을 형성해가는 공간이라는 것이다. 하지만 차이점도 많다. 트위터는 실시간 소통수단이라는 성격이 훨씬 강하다. 자신이 팔로하는 사람들이 실시간으로 올리는 글이 타임라인에 흐른다. 마치 서울의 명동거리를 걷는 기분이 든다. 여기저기서 웃고 떠들어 왁자지껄하다. 이에 비해 페이스북은 대화의 상대가 되는 친구의 수가 트위터보다 훨씬 적다. 그래서 마치 시골마을에서 오순도순 이야기하는 것처럼 조용하다.

또 하나의 결정적 차이점이 있다. 트위터에서는 '관심글'로 지정해놓지 않는 한 자신이 팔로하는 특정 유저가 올리는 글이 금세 흘러내려가 눈앞에서 사라지지만(물론 인내심을 발휘한다면 소급해가며 볼 수는 있다), 페이스북에서는 블로그의 댓글처럼 언제든지 친구가 올린 글을 편하게 볼 수 있다. 기록성에서는 페이스북이 더 강한 것이다.

　아울러 트위터에서는 글이 올라오는 순서대로만 보이는 데 비해 페이스북에서는 글이 그런 순서로 보이기도 하지만 많은 사람이 보는 순서로 배열되기도 하기 때문에 인기 있는 글부터 보이기도 한다. 단 둘이 하는 은밀한 대화는 트위터에서는 DM으로밖에 할 수 없지만, 페이스북에서는 DM과 같은 '쪽지'로도 할 수 있고 실시간 채팅으로도 할 수 있다.

대학생과 트위터

이 책을 집필하는 도중에 필자가 트위터에 관한 책을 쓰고 있다는 사실을 트위터로 알렸다. 그러자 트위터 친구들이 격려의 글을 보내왔는데, 그 중 한 대학생 친구가 자신이 트위터에 입문하게 된 과정을 글을 써서 보내왔다. 대학생들이 읽으면 좋을 트위터 입문기라는 생각이 들어서 본인의 양해를 얻어 그 전문을 여기에 싣는다.

트위터 입문기 – 대학생 김민수(@ikart)

[대학생, 트위터를 시작하다] 트위터를 시작하게 된 계기는 인터넷에서 본 하나의 뉴스 때문이었다. 유명인과 이야기를 나누고 다양한 사람들과 만나는 트위터에 많은 사람들이 빠졌다는 내용이었다. 유명한 사람들과 트윗을 주고받고 싶다는 생각에서, 그리고 뉴스에서 본 대로 뉴스보다 트위터가 더 빠르게 정보를

전했다는 이야기의 주인공이 될 꿈을 가지고 트위터에 계정을 개설했다.

하지만 처음 트위터를 시작하는 사람들 대부분이 그렇듯이 나도 처음에는 연예인이나 유명한 사람들을 팔로하면서 그들이 남기는 트윗만을 구경하곤 했다. 트위터를 하면서도 도대체 왜 트위터 열풍이 부는지를 알 수 없었고, 흔히 말하는 소통은커녕 단순히 뉴스나 홈페이지를 보는 것과 다를 게 없다는 생각이 들었다.

트위터를 시작한 많은 사람들이 계정만 만들어 놓고는 소통도 해보지 못하고 트위터를 그만두는 일이 많다. 트위터러 @FotoCiti가 조사한 바로는 국내 트위터 유저 중 팔로어가 10명 미만인 사람의 비율이 58.2%, 팔로어가 0명인 사람의 비율이 13.4%(2만 4456명)이라고 한다. 많은 사람들이 트위터를 시작만 할 뿐 제대로 사용하지는 못 하고 있는 게 현실이다.

나 또한 트위터를 시작하고 나서 팔로어 0명인 상태가 지속되다 보니 점차 트위터에 대한 흥미를 잃어갔다. 트위터에서 이루어지는 대화는 왠지 나하고는 전혀 상관없는 이야기들만 오가는 것처럼 보여서 혼잣말조차도 그만두게 됐다. 트위터는 시작한 사람 중 50%가 넘는 이들에게 그랬던 것처럼 나에게서도 점차 멀어지고 있었다.

[대학생, 트위터에서 먼저 손을 내밀다] 트위터를 하지 않는 날이 계속되던 중에 트위터를 제대로 사용하는 계기가 된 일이 일어났다. 그것은 트위터를 통해 내가 먼저 소통을 시도한 일이다. 취업에 관심이 많은 대학생인 나는 자연

스럽게 트위터에서 기업의 인사업무를 보는 사람들을 찾아보았다. 별다른 생각 없이 한 이런 행동이 나에게 소통의 길을 열어준 계기가 됐다.

기업에서 인사업무를 보고 계신 분들을 팔로하면서 그들이 남긴 트윗을 보는 데 그치지 않고 내가 먼저 인사를 하고 이야기를 나누게 되었다. 취업에 관해서도 이야기를 나누었고, 인사업무에서 힘든 점이나 면접을 보는 기업쪽 사람들이 원하는 인재상에 대한 이야기도 나누었다. 대학생들이 만나고 싶어 하지만 실제로 만나기는 힘든 기업의 인사 담당자들이 취업에 관한 이야기뿐만 아니라 다양한 주제의 이야기를 나한테 해주었다.

그들뿐만 아니라 트위터에서 만난 사람들은 대체로 내가 먼저 인사하고 먼저 질문을 하면 반갑게 맞인사를 해주고 답변을 해주었다. 게다가 나를 팔로해주면서 내가 트윗으로 올리는 질문에 대해서도 답변해주었다.

50명의 팔로어가 생긴 후부터는 트위터의 매력을 점점 더 많이 느끼게 됐다. 내가 남긴 트윗에 대한 답변을 받기도 하고 그러다가 대화를 나누기도 하고…, 이젠 단순히 혼자 떠드는 트위터가 아닌 소통하는 트위터가 시작된 것이다.

[대학생, 트위터에서 취업준비를 하다] 트위터는 주로 20~30대 직장인들이 많이 사용한다고 한다. 실제로 주위를 봐도 미니홈피를 가진 학생은 많지만 트위터를 하는 학생은 거의 찾아볼 수 없다. '대학생이 트위터를 안 하는 이유'라는 글까지 인터넷에서 본 적이 있다.

취업난이 점점 더 심해지면서 자신에게 맞는 직업을 찾고 취업을 위한 준비에 매달리느라 대학생에게는 트위터를 할 시간이 없다는 것은 틀린 말이다. 개인적으로는 취업정보 사이트를 매일같이 찾는 것보다는 트위터를 하는 것이 취업에 관한 정보를 얻는 데 실질적인 도움이 된다고 생각한다. 대학생이라면 무엇보다 먼저 자신이 미래에 종사할 직업에 대해 알아야 한다.

트위터에는 다양한 직업을 가진 사람들이 있다. 언론사 기자를 비롯해 대기업에서 특정 업무를 담당하는 사람, 기획자, 마케터, 연예인, 예술가, 엔지니어 등으로 다양하다. 그들 가운데 자신이 하고 싶은 일을 지금 하고 있는 사람과 소통할 수 있다. 마케터가 되고 싶다면 지금 마케터 일을 하는 사람에게 직접 질문을 해볼 수도 있다. "마케터가 되기 위해서는 대학생 때 어떤 경험을 해보는 것이 좋을까요?"라는 질문을 트윗으로 던지면 그 마케터는 성심성의껏 답변해줄 것이다. 트위터를 하면서 느낀 점은 많은 사람들이 자신에게 직접 온 트윗에 대해서는 친절하게 답변을 해준다는 것이다.

트위터에는 이렇게 각종 직업에 실제로 종사하고 있는 사람들만 있는 것이 아니다. 각 기업들의 트위터도 운영되고 있다. 단순히 취업정보 사이트에서 얻게 되는 단편적인 정보를 넘어 트위터에서는 기업에 있는 사람들에게서 보다 더 감성적인 이야기도 들을 수 있다. 자신이 취업하고자 하는 기업의 트위터를 통해 그 기업의 문화와 분위기에 대해 알아보는 것도 가능하다는 것이다.

대학생이라면 자신이 취업하고자 하는 기업 트위터를 팔로해보자! KT(@ollehkt), SKT(@sktelecom_blog), LGT(@bloglgt), LG전자(@lg_theblog), 삼

성전자(@samsungin), HP코리아(@HPKoreaPR), 매일유업(@freshmaeil), 하나은행(@hananplaza), 기업은행(@smart_ibk), MBC(@withMBC), 대한항공(@KoreanAir_Seoul), 아시아나항공(@AsianaAirlines), 이마트(@Emartmall_com), 웅진코웨이(@cowaystory)를 비롯해 수많은 기업들이 트위터를 운영하면서 소통하기를 원하고 있다.

자신이 취업하고자 하는 기업에 관한 정보뿐만 아니라 취업트렌드에 관한 정보도 트위터를 통해 얻을 수 있다. 잡코리아(@jobkorea1)와 인크루트(@incruit1)뿐만 아니라 취업준비생이라면 대부분 알고 있는 다음카페 취업뽀개기(@break_job)도 트위터를 통해 취업정보를 제공하고 있다.

[대학생, 트위터에서 즐거움을 찾다] 트위터를 하던 중에 잡코리아(@jobkorea1)에서 트윗이 하나 올라왔다. "효과적인 프레젠테이션을 위한 자신의 방법을 알려주세요"란 트윗이었다. 이 트윗을 보고 "프레젠테이션은 간단명료해야 하기 때문에 내용을 3분의 1로 줄인다"라는 답변 트윗을 보냈다. 이 간단한 한 줄의 트윗 덕분에 얼마 뒤에 프레젠테이션에 관한 책 한 권을 받았다.

트위터에서는 그저 트윗에 답변을 하고 RT를 하는 것을 참가방법으로 하는 이벤트가 열리곤 한다. 그냥 평소대로 트위터를 사용하면 그것이 곧 이벤트에 참여하는 것이 되는 셈이다. 이것은 트위터에서 실시되는 이벤트의 장점이다. 트위터 이벤트가 갖고 있는 또 하나의 장점은 실시간이라는 점이다. 실시간 소통수단인 트위터답게 대부분 몇 시간 뒤, 혹은 그날 안으로 이벤트에 참여한 결과를 알 수 있다.

나는 그 뒤로 누군가를 팔로하다가 갑자기 월드컵 응원 티셔츠를 받기도 했고, 기업은행(@smart_ibk)이 낸 산수문제에 답변을 보냈다가 루오전 티켓을 받기도 했다. 트위터를 통해 받은 티켓으로 나는 난생 처음으로 미술전 관람을 하게 된 것이다. 이런 재미로 점점 더 트위터에 빠지게 됐다.

LG의 3D TV 신제품 발표회에 가게 된 것도 트위터를 통해서였다. 블로거와 트위터러를 초청대상으로 한 이 행사가 열린다는 소식을 트위터를 통해 알게 되어 참여하게 됐다. 행사장에서는 트위터 하는 분들을 만나 이야기를 나눌 수 있었다. 신제품 발표회가 진행되는 동안에 트윗을 올렸더니 다른 분이 자신도 같은 장소에 있다고 해서 만나기도 했다. 트위터는 온라인상에서 이야기하는 공간만이 아니었다.

최근에는 트위터를 이용한 프로그램으로 자기의 같은 지역에 사는 사람들을 찾을 수도 있다. 또한 보물찾기라는 흥미진진한 놀이거리가 트위터에서 기획되고 있고, Kogi BBQ(@kogibbq)를 비롯해 트위터를 이용한 마케팅의 성공사례가 생겨나고 있기도 하다.

[대학생, 소통하는 트위테리언이 되자] 트위터를 시작하면서 정말로 다양한 사람들의 이야기를 듣고 그들과 이야기를 나눌 수 있었다.

많은 사람들이 트위터를 시작하고 나서 적응하지 못하여 도중에 그만둔다고 한다. 그러지 말고 일단 100명 이상을 팔로해보자. 그러며 그들 가운데 대화

상대가 되는 사람이 생겨나기 마련이고, 그 사람을 다리로 해서 또 다른 사람과 만나 트윗을 나누게 된다. 그러다 보면 어느새 자신과 소통하는 사람이 점차 늘어나게 된다.

취업준비에 바빠서, 혹은 트위터가 직장인들의 전유물인 것처럼 느껴져서 대학생들이 트위터를 하지 않는다는 내용의 글을 읽었던 게 다시금 생각난다. 그러나 내가 경험해본 바로는, 대학생이 트위터를 이용하면 자신이 미래에 종사하고자 하는 직종에서 현재 일하고 있는 사람과 만나 이야기를 나눠볼 기회를 얻거나 다양한 취업정보를 신속하게 입수하는 데 크게 도움이 된다.

트위터는 직장인 중심이어서 대학생들이 기피한다는 이야기를 들으면 나는 아쉬운 마음이 든다. 왜냐하면 그건 대학생들이 자기중심적이고, 소통에 관심이 없다는 말로 들리기 때문이다. 트위테리언들은 소통하고자 하는 사람이면 누구나 환영하며, 대학생들도 소통에 참여하기를 바란다. 나(@ikart)도 함께 소통하고자 하는 다른 대학생들을 기다려본다.

에필로그: 세상을 바꾸는 트위터

2010년 6월 지방선거에서 트위터는 선거판세에 변화를 가져온 중요한 변수였다. 당시 트위터는 젊은 층을 중심으로 막판 투표율을 끌어올려 야당이 약진하는 결과를 가져왔다는 평가를 받고 있다. 투표에 미치는 트위터의 영향력은 이미 해외에서도 입증된 바 있다. 2008년에 미국에서 실시된 선거에서도 트위터를 비롯한 소셜미디어의 영향으로 투표율이 100년 만의 최고수준을 기록한 것으로 분석됐다.

세계 최대의 사교육 업체인 EF 에듀케이션의 에릭 퀄먼 온라인 마케팅 담당 글로벌 부사장은 《소셜노믹스》라는 저서에서 "높은 투표율은 소셜미디어가 사회에 미치는 긍정적 영향을 보여주는 것 중 하나"라고 평가한다. 트위터가 투표율을 높인 사례들은 트위터를 통한 소통이 대중의 의사결정과 행위에 큰 영향을 미친다는 사실을 잘 보여준다.

트위터를 이미 하고 있거나 충분히 이해하는 사람들은 이구동성으로 말한다. "트위터가 세상을 바꾸고 있다"고. 이는 필자도 상당히 공감하는 의견이다. 사람들이 서로 의견을 주고받는 방식은 점진적으로 변화하기도 하지만 어떤 시기에는 혁신적인 변화를 겪기도 한다. 책의 대량생산을 가져온 출판기술이 개발됐을 때 그랬을 것이고, 인터넷 혁명의 바람이 불면서 이메일 등의 새로운 소통수단들이 생겨났을 때에도 그랬다.

트위터는 미풍에 그치지 않고 소통구조에 다시 한 번 혁신적 변화를 가져올 것으로 보인다. 무엇보다 트위터는 모든 사람이 현실에서의 영향력과는 무관하게 '한 표'의 자격을 가지고 수평적으로 소통할 수 있는 민주적인 대화의 장을 열어주고 있다. 물론 유명인은 현실에서 그가 갖고 있는 영향력의 작용으로 트위터에서 상대적으로 훨씬 더 많은 팔로어를 거느리게 되지만, 그런 유명인이 올리는 글도 내가 그를 언팔하면 나에게는 보이지 않게 만들 수 있다. 이런 점에서 트위터의 소통구조는, 언론에 보도되는 것은 내가 원하든 원하지 않든 내 눈을 스치게 되는 기존의 소통구조와 다르다.

더구나 트위터를 하는 사람은 누구에게든 대등한 자격으로 얼마든지 자신의 의견을 밝힐 수 있다. 유명인과 직접 토론하는 것도 가능하다. 일반인이 권력의 핵심인 청와대를 향해 자신의 의견을 말할 수도 있고, 정부부처의 장관이나 기업의 CEO, 미디어 종사자를 상대로 토론을 벌일 수도 있다.

우리 사회는 특히 상하관계나 현실적인 힘의 강약에 따라 구성원들 사이에 보이거나 보이지 않는 순위가 매겨지는 가운데 권위주의적인 문화가 지배해온 사회이니 만큼 트위터가 보다 보편적으로 이용되면서 의사소통 구조의 수평화라는 패러다임 시프트를 가져온다면 사회적으로 큰 변화를 일으킬 수도 있다. 실제로 필자는 같이 일하는 직원들과 트위터를 통해 같은 트위터러의 입장에서 마음을 열고 수평적 대화를 나누다보면 실생활에서도 대화의 창이 더 넓게 열리는 변화가 일어나는 것을 느낀다.

트위터 사용자가 늘어나면 늘어날수록 사회문화, 기업문화가 더욱 수평적으로 변화하고, 권위를 내려놓고 계급장 떼고 동등한 위치에서 서로 이야기하는 수평적 대화가 활성화될 것이다. 그러면 우리 사회는 그만큼 더 민주화될 것이고, 트위터가 여론이 형성되는 새로운 광장이 될 것이다.

기업의 경우에는 애플의 아이폰으로 상징되는 환경의 새로운 변화 속에서 '창의성'이 기업의 생존에 필요충분조건이 된 만큼 소셜미디어를 통한 수평적 의사소통 구조를 서둘러 도입해서 사내 문화를 새로운 변화에 맞게 바꿀 필요가 있다. 이러한 조치를 빨리 취하는 기업일수록 창의성의 꽃을 피워낼 수 있는 내부 시스템을 더 일찍 갖추게 될 것이다. 반면에 전통적인 상명하복식의 권위주의적 문화의 틀을 깨지 못하는 기업이 직원들의 '재잘거림' 조차 수용하지 못한다면 그 기업은 시장의 '왕따' 리스트에 오르게 되는 리스크에 직면할 것이다.

기업은 여기서 더 나아가 고객들과도 적극적으로 트위터나 페이스북 같은 소셜미디어를 통해 소통해야 한다. 전화나 이메일을 통한 고객과의 대화는 점점 더 그 중요성이 떨어지고 있고, 앞으로는 아예 자취를 감추게 될 것이다. 이미 미국에서는 많은 기업들이 트위터를 통해 고객들에게 서비스를 제공하고 있으며,

이런 추세는 앞으로 더욱 가속화할 것으로 예상된다.

트위터가 소통채널의 주류로 자리를 잡아 나가게 되면 사람들의 주된 의사소통 수단에도 변화가 일어날 것으로 보인다. 사람들이 트위터를 통해 실시간으로 중요한 대화를 나누게 되면서 이메일의 용도는 점점 더 줄어들 것이다. 트위터가 서버를 증설해 파일 교환까지 가능하게 한다면 이메일은 아예 사용할 필요가 없어질 수도 있다.

지금 휴대폰 사용자들끼리 주고받는 문자서비스(SMS)도 트위터의 활성화에 따라 점차 그 입지가 좁아질 전망이다. 문자서비스와 달리 트위터를 통한 대화는 무료인데다가 '휴대폰 대 휴대폰' 은 물론이고 '휴대폰 대 컴퓨터' 를 비롯해 단말기의 종류를 뛰어넘어 이뤄질 수 있기 때문이다.

또한 트위터는 많은 사람들의 지식을 모아 '지식의 시너지' 효과를 만들어내는 리얼타임 집단지성의 산실로 큰 역할을 하게 될 것으로 기대된다. 트위터가 등장하기 전에는 개개인이 갖고 있는 지식의 전달이 일대일의 제한적인 대화나 소수의 모임, 또는 기존 미디어를 통해서 이루어지는 게 고작이었고, 인터넷을 통한 소통도 쌍방향성에는 한계가 있었다. 따라서 개인의 사회적 대화는 '화석화된 다수와의 대화' 라는 틀에서 벗어나기 어려웠다. 그러다 보니 개인의 의견이 다른 많은 사람들의 의견과 융합돼야 생겨나는 지식의 재생산 효과가 그리 크지 않았다.

하지만 트위터가 스마트폰과 결합되면서부터는 언제 어디서나 실시간 대화가 가능해짐으로써 어떤 이슈에 대해서든 수많은 사람들의 의견과 관점이 실시간으로 교환되기에 이르렀다. 이런 새로운 소통구조는 집단지성의 형성과 이를 통한 새로운 지식의 창출을 촉진해서 보다 효율적이고 생산적인 '지식창출의 선순환'을 가져올 것이다.

트위터는 기존 미디어의 역할에도 커다란 변화를 초래할 것이다. 속보나 전문적 진단이라는 면에서 트위터도 기존의 미디어 못지않은 정보생산의 기능을 할 수 있기 때문에 기존 미디어의 역할이 불가피하게 축소될 것이다. 특히 언론이 생산해내는 주요 뉴스가 트위터에서 RT를 통해 공유되는 현상은 뉴스의 유통채널에 근본적인 변화를 가져오고 있고, 그 영향으로 굳이 돈을 주고 종이신문을 사보는 신문독자 수는 더욱 더 줄어들 것으로 보인다.

보다 본질적으로 보면, 이미 많은 언론사들이 자사 뉴스의 영향력을 강화하기 위해 경쟁적으로 트위터로 진출하고 있는 데서 알 수 있듯이 이제는 독자가 뉴스를 찾는 게 아니라 뉴스가 독자를 찾는 시대가 열리고 있다고 생각하는 게 옳을 것이다.

트위터는 문화분야에도 심대한 변화를 가져올 것이다. 소설이나 시와 같은 문학작품 창작에 트위터가 이용될 것이고, 스포츠 경기에 대한 응원을 비롯한 다양한 활동에서 트위터와 연계된 새로운 문화현상이 속속 등장할 것으로 보인다.

트위터의 문제점으로 중독성이 흔히 거론되지만, 소통의 활성화라는 순기능이 훨씬 더 크기 때문에 중독성을 비롯한 트위터의 역기능은 그다지 문제가 되지 않는다고 필자는 생각한다. 시간이 흐르면서 각 개인의 자제력이 더 많이 발

휘될 것이고, 사람들이 트위터를 하면서 업무도 처리하는 멀티태스킹 능력도 커

질 것이기 때문이다.

트위터를 통해 수평적 소통이 만개하는 시대가 열리고 있다!